中華民國革命秘史

謝纘泰　著

中華民國革命秘史

作　　者：謝纘泰

譯　　註：商務印書館編輯部

責任編輯：黃振威

封面設計：涂　慧

出　　版：商務印書館 (香港) 有限公司

香港筲箕灣耀興道 3 號東滙廣場 8 樓

http://www.commercialpress.com.hk

發　　行：香港聯合書刊物流有限公司

香港新界荃灣德士古道 220–248 號荃灣工業中心 16 樓

印　　刷：美雅印刷製本有限公司

九龍觀塘榮業街 6 號海濱工業大廈 4 樓 A 室

版　　次：2021 年 9 月第 1 版第 1 次印刷

© 2021 商務印書館 (香港) 有限公司

ISBN 978 962 07 5882 9

Printed in Hong Kong

目　錄

出版説明

《中華民國革命秘史》是香港著名報人謝纘泰所撰的辛亥革命
回憶錄，原以英文撰寫，在 1924 年出版。1981 年，該書的中譯
本正式面世。[1] 惟原譯本因各種原因，未盡完善，錯訛之處甚多。
考慮到此書乃珍貴史料，本社乃有重譯此書之意。現以單行本形
式出版，盼為學界略盡綿力。

另外，編者亦加入了附註和補入圖片，以便讀者理解書中的
史事和人物。

商務印書館編輯部　謹識

1　謝纘泰著，江煦棠、馬頌明譯，陳謙校：〈中華民國革命秘史〉，收於中
國人民政治協商會議廣東省委員會文史資料研究委員會編：《廣東文史
資料：孫中山與辛亥革命史料專輯》(廣東：廣東人民出版社，1981
年)，頁 284-338。

一

巻首語

我親愛的朋友：

　　一兩天前，當我剛從郊外訪友回家，我收到了我人生中最大且最愉快的驚喜。我的妻子把你惠寄本人的掛號郵包交給我，當中包括你那極有趣透達、在《南華早報》連載及出版的《中華民國革命秘史》。

　　它為你帶來的不止是榮譽。它標誌着，你是貴國同胞的解放者：因為你不單冒着自己、你親近的人，以及你珍視的人之性命危險，備嘗艱苦，甘當先鋒讓最後勝利成為可能；而且你努力不懈，直至你所致力之事臻於成功。你樂於將榮譽讓予他人。明顯地，是因為你堅持做有益的事，永不做可能會挑起黨派糾紛、煽惑妒火、

怨恨，以致有虧於改革大業的任何事。

即使直到現在，很明顯的，當有必要向世界揭櫫事實——全部的事實、一切的事實時，你的行動不是要貶抑任何人，而是全然出於愛國的動機，滌去中國積存的污點。否則，非常可能，它們很快對全國福祉構成重大的損害。

我親愛的朋友，你做得好，你現在為人所注目了。正因如此，你使所有喜愛真理的人，以及那些對歷史事實稍微尊重的人、想公正看待中國人的人，都深深的感激你。衷心祝賀你！

「真理偉大，終必勝利。」現在有關大革命的事實已彰彰可見了。對於所有關心你們國家福祉的人們，有關大革命的事實終於有了。以後，他們肯定會將榮譽歸功於你。

在地上被壓抑真理，終將再起；

神的永恆年月，乃是祂的；

但錯誤、傷痕，痛着翻騰；

在祂的信眾中，有人死去。

我估計，這封信會在節慶的時節，送到你手中。我想藉此機會，祝你長命百歲及新年快樂！

　　我的好友，別憂慮，願上帝保佑你！

　　　　　　　　　　　　　查斯利・登勤敬上

二　前言

≋ 明朝的末日 ≋

最後一個統治中國的純正中國朝代是明朝。它的創始者是一個名叫朱元璋[1]（洪武）的僧人。由於積弱、腐敗與管理失當，明朝走向衰亡；不滿管治的人遍佈帝國，乘時而起。一個叛軍領袖最終成功招募部眾，構成一股強大力量，予北京以威脅。那人便是李自成[2]。

護衞北京免受李自成叛軍進犯北京的軍隊，由吳三桂將軍所統領。惟吳三桂害怕戰敗及失去國都，遂與長城外的滿洲韃靼展開談判，要求對方提供武器和支持。

1　明太祖朱元璋（1328—1398），即洪武帝，明朝開國皇帝。
2　李自成（1606—1645），陝西米脂人，在明末起事，自號大順政權皇帝。

他們的首領努爾哈赤³ 早已在關外厲兵秣馬，靜待時機，從明皇室處掠奪皇位。

滿洲韃靼首領崇德⁴ 欣然接受吳三桂⁵ 之邀，且率其部直奔直隸平原。惟在努爾哈赤未抵北京之前，李自成叛軍已佔據且已劫掠國都。明朝最後的皇帝 —— 柔弱的崇禎帝⁶，在皇宮後的煤山高處自縊。

≈ 滿人的推進 ≈

當吳三桂將軍與滿洲韃靼首領及其部抵都驅逐叛軍，奸險的韃靼首領拒絕如成議般撤退，且強行攻佔明

3　努爾哈赤（1559—1626），姓愛新覺羅。他創立了清朝。

4　原文作 "Tsung Teh"，應是指崇德，即努爾哈赤年號。

5　吳三桂（1612—1678），字長伯，遼西人，祖籍江蘇高郵，以父蔭世襲軍官。1644 年降清，引清兵入關，被封為平西王。1673 年發動「三藩之亂」。

6　崇禎帝朱由檢（1611—1644），即明思宗，明朝第 17 任皇帝，乃清朝入關前最後一位明朝皇帝。

廷的皇宮。未幾努爾哈赤死，其子順治[7]登極，宣稱為中國大清王朝的首個滿洲皇帝。

隨着篡奪帝位的滿洲韃靼進犯，明朝就這樣滅亡了。

至於殘暴橫蠻的滿洲韃靼如何在殘酷地屠殺數以百萬計居民後完全侵佔中華帝國，以及他們自篡奪明室帝位之後如何統治國家，記載早已昭昭可考，如今更成為歷史了。然而，以下一段出自我的老朋友和同事查斯利·登勤（Chesney Duncan）之手筆，是有趣的：

至於在那次幾乎不流血的殲滅戰中 —— 那是其中一個最低等和邪惡的專制王朝，其行玷污史冊 —— 以文明戰勝最糟透的野蠻主義，我廁身其中，即便是如何微不足道，我也視之為光榮。滿洲篡位者阻礙着世界的進步，同時危害真正進步國家的政治和商業利益。

7　即清世祖（1638—1661），名福臨。

≋ 爭取獨立的運動 ≋

反對滿人管治失當的起義，前仆後繼，最銳不可當的當推洪秀全[8]所領導的「太平軍」，但最後全都給無情鎮壓了。

第二次驅除篡奪者滿洲人的大運動是大革命，最後建成了中華民國。我現在向全世界公開這次革命的秘史。

自從我們初次企圖在 1895 年 10 月 26 日攻佔廣州的計劃失敗後，我的「兄弟」和戰友、香港革命黨興中會首任會長楊衢雲[9]【圖一】，在 1901 年 1 月 10 日遇刺，以及我

8　洪秀全（1814—1864），原名洪仁坤，小名火秀，廣東花縣客家人，創立拜上帝會，後建立太平天國，自號天王。1864 年逝世，太平天國亦滅亡。

9　楊衢雲（1861—1901），祖籍福建漳州海澄，生於虎門。楊衢雲在鐸也（Dockyard）任學徒，因意外失三指，遂改習英文。後為英文教師，又曾任沙宣洋行秘書長。他與謝纘泰等創辦輔仁文社，後與孫中山等合組興中會。1895 年策動廣州首次起事。失敗後走南非等地。1898 年舉家遷往日本橫濱，教授英語和從事革命活動。後返港在中環結志街家中設館授課。1901 年 1 月 10 日下午六時半左右，在家被殺手開槍擊中，翌日不治。

【圖一】楊衢雲

【圖二】孫中山

第二次企圖在 1902 年 1 月 28 日在洪全福 [10] 領導下，率部攻佔廣州，和建立由南粵興漢大將軍所領導的大明順天國等歸於失敗後，我為怕挑起黨內矛盾，決定不再積極反對孫逸仙醫生 [11]【圖二】，任由他及其追隨者自由行動。

在 1895 年 3 月 15 日，我和孫逸仙醫生，及其他一些人首次晤面。當兩黨合作以後，孫逸仙的面貌和言辭並沒有使我留下良好印象。且我有一種奇異的想法，應該與他保持距離為妙。對於初見孫逸仙醫生的第一印象，我的日記記錄如下：

---

10 洪全福（1835—1904）原名洪春魁，字其元，廣東省花縣人，洪秀全族人，曾參與太平天國及革命起事，俱敗。1904 年病逝香港。

11 孫逸仙即孫中山（1866—1925），名文，幼名帝象，譜名德明，號逸仙，後在日本化名中山樵。廣東香山人，曾在翠亨村、美國檀香山、廣州和香港（曾在中央書院等求學）等地生活，是中國近代一位十分偉大的政治家。

≋ 在總部會晤 ≋

1895 年 5 月 5 日（星期日）：

　　孫逸仙看似是個輕率莽漢。為建立『自己』的名聲，會以生命作賭注。他所建議的事都是備受譴責的——他覺得自己萬事能成——毫無阻礙——紙上之談！

1895 年 6 月 23 日（星期日）：

　　孫『革命』上腦，他時常太『專注』於此，以致說話和行事也是古古怪怪的！他遲早會變瘋。我就是不相信可以交付領導運動這個重任給他。一個人當然可以視死為等閒事，但在『實際』上，一定要明白，領導人不能作無謂的犧牲。我相信孫希望每一個人都聽從他，不過這是不可能的。因為一直以來，他的經歷表明，單靠他是有風險的。

【圖三】前坐者為莫理循

後來，在我們初次攻佔廣州失敗後，以及認清孫逸仙醫生的性情後，對他的才能和價值有了我自己的看法，我拒絕加入他的黨，而是靜靜地通過中、英文報紙，進一步倡議改革和獨立。再者，我雅不願參加黨爭和內戰；在致我故友莫理循醫生（Dr. George Ernest Morrison）[12]【圖三】（《泰晤士報》〔*Times*〕通訊員）的信中早就提過了，且我料到袁世凱[13]任大總統後，內戰便會相隨，所以我離開了政治舞台。

≈ 孫逸仙醫生的倒台 ≈

　　孫逸仙醫生現在為海內外人所譴責和咒罵，從我們合力捧他上去的高台上摔下來。雖然大革命劇的一些領

12　莫理循（George Ernest Morrison, 1862—1920），蘇格蘭裔澳洲人，曾在愛丁堡大學習醫。《泰晤士報》記者，後曾任袁世凱政治顧問。

13　袁世凱（1859—1916），字慰庭，號容庵，河南項城人。清朝高級官僚、北洋新軍領袖、中華民國第一任大總統，後復辟稱帝，1916 年復辟失敗後病逝。

軍人物仍然在生，但是為着歷史的真相，我想，現在可以頗自由出版這本大革命秘史，而不會負上在國人以至世界人眼中，看輕甚或醜化孫逸仙醫生的責任了。

因着這一正義和公平的方針，等了許多年，致使我無法滿足我中國、歐洲朋友希望這部歷史早日面世的要求。我促使自己採用這一方針做這一決定，相信會得到他們稱許的。現在我再也沒有保持沉默的義務了。

≈ 外國友人與支持者 ≈

在這部簡史中，我將無懼地、不偏不倚地憶述我自己，我的中、英俠士朋友和同事們：莫理循醫生、李提摩太（Timothy Richard）[14] 法學博士【圖四】、容閎法學博士[15]

---

14 李提摩太（Timothy Richard, 1845—1919），生於英國威爾斯，著名英國傳教士，在中國傳教多年，對晚清改革思想有重大貢獻。

15 容閎（1828—1912），號純甫，廣東香山人，是第一個在耶魯大學就讀的華人，創設幼童留美計劃。1876 年，美國耶魯大學頒授榮譽法學博士學位予容閎，表揚他對中美文化交流的貢獻。容閎晚年在美國居住和逝世。

【圖四】李提摩太

【圖五】容閎

【圖六】何啟

【圖五】、何啟爵士 [16]【圖六】、史密夫（D.Warres Smith）、根寧咸（Alfred Cunningham）、利德（Thomas H.Reid）、高雲（T.Cowen）、登勤、立德夫人（Mrs.Archibald Little）、希路（B.A.Hale）、彼得（Thomas Petrie）、馬西爵士（Sir Hiram S.Maxim）、斯密（Colin McD.Smart），上起 1890 年，下迄 1912 年止，這時滿洲人已被逐出中國，中華民國經已牢固確立。就在這時，我從政治舞台功成身退。

我不會談到孫逸仙醫生及其他人自 1912 年創立民國起的活動，因為現在已成歷史；也不會提及袁世凱在 1912 年登總統之位，以至 1924 年的直奉戰史。這還是由孫逸仙醫生及那些造成十三年內戰和腥風血雨的軍閥說好了。

---

16 何啟爵士（Sir Kai Ho Kai, 1859—1914），原名何神啟，號沃生。廣東南海人，香港出生，父親為何福堂牧師。何啟是早期香港的社會領袖，集多重身份於一身，是醫生、大律師、商人、政治家。早年自中央書院肄業，後赴英讀書，自鴨巴甸大學取得醫科學位，未幾習律，得大律師資格。何啟曾任定例局非官守議員。

≋ 讚賞之詞 ≋

有關我的書，以下引文，可證其趣味：

　　(1) 我在香港的工作，沒有人比你更有資格來代表我談了。我們不是共事過嗎？我們不是曾經竭盡我們的力量來促進中國的進步嗎？你是知道風險的——從那個小改革會在殖民地裏暗地裏集會時起，你便常拿你自己的自由、生命、你所最寶貴的人來做賭注，從而讓火光繼續燃亮。

　　我的工作沒那麼難，比較輕鬆，只是在報端宣揚改革、影響當道。我們年復年透過報紙（《孖剌西報》、《南清早報》）向同一目標奮鬥。

〔阿爾法・根寧咸——《孖剌西報》（*Hongkong Daily Press*）、《南清早報》（*South China Morning Post*）等編輯。《每日郵報》（*Daily Mail*）、《紐約太陽報》（*New York Sun*）等通訊員。1913 年 5 月 4 日。〕

　　至少，你會感到很大滿足的是，你知道你將四億

國民引領到更好、更人道的道路上，以及發動了一場在世上名留清史的運動。

〔托馬斯・利德——《德臣西報》(*Hongkong China Mail*) 編輯，1894年—1905年；《海峽時報》(*Starits Times*) 等編輯；《泰晤士報》(*London Times*) 華南通訊員；《標準報》(*The Standard*)、《紐約先鋒報》(*New York Herald*) 等通訊員。1912年11月29日。〕

有幸與你們一起生活了足足40年，且在這漫長歲月中有幸助你推翻貪污和專制的滿洲王朝。（你將會在撮要中，看到當時其中一位最能幹領袖的信，我將它們放在這本小冊的附錄中。）請容我在此世事交替之重要時刻，提供一些建言。我很相信，如你跟着做，定當得益。

〔來自查斯利・登勤的《出路》(*The Way Out*)（1919年）。《士蔑報》(*Hongkong Telegraph*)（1895年）、《海峽回聲報》(*Straits Echo*)（1905年）、《馬來亞泰晤士報》(*Times of Malaya*)（1907年）、《中國共和黨人》(*China Republican*)（1913年）、《馬來亞論壇》(*Malaya Tribune*)（1915年）編輯；《倫敦地球報》(*London Globe*)、《日本公報》(*Japan Gazette*)、《大美晚報》(*Shanghai Evening Post & Mercury*)、《中國泰晤士報》(*China Times*) 等。〕

由於這只是一部簡史，我只可保留有趣的情節，而將數以百計的重要書信和與革命有關的小事排除於外。

三

引言

≋ 生平簡介 ≋

52 年前的 1872 年 5 月 16 日，我生於澳洲新南威爾斯的悉尼。我的父親謝日昌 [1] 是從事出入口的泰益公司東主。我的母親郭氏是其中一位初抵澳洲和紐西蘭的中國女子。

我的父親是廣東省開平縣人。根據家庭的族譜記載，他可上溯其祖先至周朝時封地於謝的申伯。

根據我的洗禮證明所示，我是在 1879 年 11 月 1 日受洗於我的教父、加富頓（Grafton）英國聖公會的格林維主教（Bishop C.C.Greenway）。以後我與他長期通信。我

---

1 謝日昌又名 John See。譯者按，"See" 應是指 "Tse"。謝日昌英文名為 John。

相信，我在道德和生平行止上的嚴謹公正，一則是受他影響，一則是我在加立頓高等學堂（Grafton High School）所受的教育。

雖然我是一個基督教徒，但我是孔子[2]和其教誨，以至其他宗教裏所含善與美之忠實支持者。

我的父親是個敬畏神和正直的人，律己甚嚴，且訥於言。至於我的母親，她是個善良和虔誠的人，如蒙上帝許可，她也快屆 80 壽辰了。

≋ 我的遠志 ≋

我的父親是澳洲中國獨立黨的一個領袖。當我大約 12 歲時，他便告訴我滿洲韃靼殘暴征服中國的故事。我跟他承諾，當我長大後定當返回祖國，盡我所能，驅逐

---

2 孔子（前 551—前 479）名丘，字仲尼，生於魯國，中國古代極偉大的教育家與哲學家。

篡奪者滿洲韃靼出中國。我信守承諾——這便是我過去參與中國改革和革命運動的相關活動之紀錄。

我一向的雄心，永遠是為中國和中國人而奮鬥，但我永不願當「黨」官。我與不同政黨為友，但沒有一個敵人。

四

播種

≈ 到中國去 ≈

1887 年，我 16 歲，和母親、兩個弟弟、三個姊妹離悉尼赴華。當我在 1887 年 5 月 20 日首次踏足香港時，那些狹窄的鴿棚式屋子、狹窄而不潔的街道，以及完全見不到樹蔭，都令我感到驚訝。

我父親的老朋友都在岸上迎迓。沒多久，在這個周圍也是陌生景物的陌生城市，我們也安頓下來了。

稍事休息以後，有人介紹我與駱克[1]先生 (Hon. Mr.J.H.Stewart Lockhart)【圖七】見面。駱克先生即現在的駱克爵士、已退休的前威海衞總督，時為香港總登記

1　駱克（1858—1937, Sir James Haldane Stewart Lockhart），生於蘇格蘭，長期在香港任官。香港灣仔駱克道以其命名。

【圖七】駱克（後站者）

官。他接見我時，態度非常親切，勸我到皇仁書院（Queen's College）[2] 讀書，以作加入香港政府工作的準備。

當我在皇仁書院唸書時，在校內校外，我認識了許多既能幹且愛國的年輕人。我開始意識到，時機成熟了，是時候為中國百萬人民計劃和組織改革運動，驅逐篡奪者滿洲韃靼出中國。

在 16 個我信任和知悉我秘密的朋友當中，最重要是楊衢雲、陳芬、周昭岳[3]、黃國瑜[4]、羅文玉[5] 和劉燕賓[6]。其餘的，我沒透露半句，皆因當時公開鼓吹革命是極危險之舉，再者在香港這片殖民地上，佈滿了滿清廣州政府的特務和偵探。

因此我們時常偷偷在位於海傍中[7] 的炳記船務（劉燕

2　當時應是中央書院。有一段時間曾稱維多利亞書院。

3　周昭岳出身自中央書院，後為興中會會員。後曾在北洋政府財政部任檢查徵收機關委員會委員，以後情況不詳。

4　黃國瑜，又名黃廷珍，廣東新會人，出身自中央書院，曾任香港政府翻譯和廣東官員等。

5　羅文玉，廣東順德人，出身自中央書院，後當上檳榔嶼法庭翻譯。

6　劉燕賓出身自聖約瑟書院。

7　海傍中（Praya Central）即指今德輔道中（Des Voeux Road Central）。

賓為首席船務文員)、中國輪船招商局 (楊衢雲為首席船務文員)、沙宣洋行買辦胡幹之[8]的辦公室恭記[9]，以及永勝街[10] 11 號我的家中會晤。

≈ 艱難與危險 ≈

對於滿清廣東政府的官吏和他們的特務、線人，人們都怕得要死，以致人們都不敢談革命，不敢與有革命傾向的人來往。從 1887 年到 1895 年，公眾情緒便是如此。因此當時要招攬人員或是同情者，是極度困難的。

我們常常默默忍受那些膽小如鼠的、充滿懷疑的「朋友」們之冷嘲熱諷。但是我們沒有灰心喪志。我們大無畏地、靜靜地奮鬥着。

在我秘密策劃和組織活動的漫長歲月裏，我常與滿

8　胡幹之出身自聖保羅書院。

9　原文作 "Gon Kee"，此為譯音。

10　一條在上環的街道。

清廣東政府的特務和密探混在一起，更往訪他們的「巢穴」。我常將我的頭，置於虎牙之中！

至於我是如何嚇怕和愚弄他們，那是一個很長的故事，在這本簡史中，是無法詳述的。

我的諸英國友人和同事們都是如我一樣小心翼翼和機警。他們都能嚴守秘密，不走漏風聲。

≋ 種子萌芽 ≋

1892 年 3 月 13 日，我們在香港百子里 1 號 1 樓創立我們的革命總部。二樓則住着陸敬科[11] 和他的「耀駒」[12] 俱樂部諸朋友。

---

11 陸敬科（約 1861—1945），字建秋，別字禮初，廣東高要人，早年在中央書院讀書。卒業後留校任教。曾從商。後歷任廣東省長公署交涉局英文主任兼外交部特派廣東交涉署翻譯科長、交涉局長。1924 年孫中山委任陸敬科等為銅鼓開埠籌備委員。1927 年前後任廣州交涉員。曾著《華英文化捷徑》、《東遊紀略》等書。

12 原文作 "Iu Kui"，此為譯音。

陸敬科現在是廣州外交部的一位官員，但他從前是皇仁書院的老師。

我們採「引領愛國」為我們的格言，並把會晤地方命名為「輔仁文社」。但這並沒有令歐籍警探的探訪次數減少。我們當然歡迎他們！

1894 年，日本向中國宣戰，中國不光彩地落敗了。跟著是義和團運動，令中國人對滿清統治中國益覺不滿。從這時起，一種新的精神，在中國冒起了。

1894 年 5 月 16 日 —— 我在《孖剌西報》提倡禁止印度鴉片貿易，同時將我的小冊子廣泛地在英國和中國散發。1898 年，南華反鴉片會成立，我在它的創始中，起了帶頭作用。

1894 年 5 月 30 日 —— 我在《孖剌西報》抗議對中國人社會的污蔑行徑。因為「涉獵政治」，當時在香港政府工作的我，受到殖民地司的訓誡。

1895 年春，楊衢雲與我商談。我們與孫逸仙醫生及其友人合組革命黨興中會。我們在士丹頓街 13 號設立新

總部，且將會晤之地命名為「乾亨俱樂部」。[13]

我們經常往訪何啟大律師，他暗中承諾支持我們。我們亦取得《德臣西報》和《士蔑西報》編輯的暗中支持。

《德臣西報》編輯托馬斯・利德、《士蔑西報》編輯查斯利・登勤是率先公開和大無畏地在他們的報紙上鼓吹這個偉大宗旨。而在那時，差不多所有人都在嘲笑這個運動。

曾經有一次，查斯利・登勤被殖民地司傳召，譴責他不應出版這種東西，因這等同煽動中國人反抗一個與英國有良好關係的政府。即便如此警告，我驕傲的將他們的貞忠記錄下來，永誌不忘。

≋ **組織革命**（摘錄自日記和通訊） ≋

1895 年 3 月 12 日 —— 何啟醫生的「改革」文章在

---

13 即乾亨行。

《德臣西報》發表。何啟醫生是大律師和定例局議員，代表華人。他是一個具有健全判斷力和豐富經驗的人。

1895 年 3 月 13 日 —— 楊衢雲、孫逸仙醫生、黃詠商 [14] 和謝纘泰一起商議如何組織攻佔廣州的行動。黃詠商是已故黃勝 [15] 的次子。黃勝是定例局議員。

1895 年 3 月 16 日 —— 楊衢雲，孫逸仙醫生和謝纘泰討論攻佔廣州的計劃，圖以三千精銳攻之。

我們通過日本領事，得到日本政府的秘密支持。

我們採用青天白日作為旗幟的圖案。

何啟醫生負責起草宣言等工作。

往訪《德臣西報》編輯托馬斯・利德。他向我們承諾，會支持我們。

1895 年 3 月 18 日 ——《德臣西報》發表一篇長文，以示對我們的支持。

---

14 黃詠商是廣東香山人，其父親為香港定例局非官守議員黃勝。

15 黃勝（1827—1902），廣東香山人，幼年在倫敦傳道會創辦的馬禮遜紀念學校讀書，後留學美國。返港後從事報業。1884 年至 1890 年間為香港定例局非官守議員。

1895 年 3 月 21 日 —— 楊衢雲、孫逸仙醫生、黃詠商和謝纘泰與《士蔑西報》編輯遮士尼·登近在士丹頓街13 號會晤。他向我們保證，會支持我們。

《士蔑西報》支持我們的活動。

≈ 致光緒帝的宣言 ≈

1895 年 5 月 30 日 —— 謝纘泰致滿清光緒帝[16] 的「公開信」在《德臣西報》、《士蔑西報》，及星加坡和遠東其他報紙刊出。這一宣言透過英文和外國報紙廣傳，從而試探海內外華人的想法。

1895 年 8 月 27 日 —— 攻佔廣州的計劃已完成草議。下令封閉士丹頓街 13 號的「乾亨俱樂部」。

1895 年 8 月 29 日 —— 楊衢雲、孫逸仙醫生、黃詠

---

16 光緒帝（1871—1908），名載湉，1875 年至 1908 年在位。

【圖八】陳少白

商、陳少白[17]【圖八】、何啟醫生、托馬斯・利德和謝纘泰在杏花樓酒店會晤。何啟醫生擔任發言人。我們勾劃了臨時政府的政策。托馬斯・利德同意盡他之力，以爭取英國政府和英國人民的同情和支持。

1895 年 10 月 9 日 —— 我們致列強的宣言由托馬斯・利德、高雲[18] 起草，且由何啟醫生和謝纘泰修正。

≈ 臨時政府的總統 ≈

1895 年 10 月 10 日 —— 楊衢雲被選為「臨時政府」總統，準備攻佔廣州。

〔註：楊衢雲當選總理令孫逸仙醫生十分不高興。為這事，孫常懷恨於心。1896 年 10 月 12 日，黃詠商（黃勝次子）強烈批評孫的無能，表示「將來與我互不相干」。〕

17　陳少白（1869—1934），原名聞紹，字少白，以字行，廣東新會人。晚清著名革命分子，與孫中山、尤列和楊鶴齡被稱為「四大寇」。1934年在北京病逝。

18　T.Cowen.

【圖九】康德黎

在 1895 年 10 月 26 日 —— 我們首次企圖攻佔廣州，但由於計劃在香港為叛徒泄露了給廣東政府，起事歸於失敗。伴隨的是多次的搜捕和處決。尢列[19]和其他人都逃走了。

孫逸仙醫生和陳少白成功逃到澳門，並在當地轉赴日本。

之後，孫逸仙醫生在 1896 年 10 月 11 日在倫敦被滿洲中國使館官員綁架，幸得其友詹姆士·康德黎醫生[20]【圖九】營救。康德黎是孫在香港華人西醫書院時的老師。

≈ 黨的分裂 ≈

1895 年 11 月 13 日，楊衢雲從澳門回來後，離開香

19　尢列（1865—1936），字令季，幼名季樽，學名其洞，原字惟孝，別字少紈，號小園，又號吳興與季子，晚號鉢華道人，廣東順德人。晚清著名革命分子，與孫中山、陳少白和楊鶴齡被稱為「四大寇」。

20　康德黎（1851—1926, Sir James Cantlie），蘇格蘭人，早年從鴨巴甸大學畢業，是英國名醫，也是香港華人西醫書院的創始人之一。

港，遠赴西貢。楊衢雲從西貢轉往新加坡、馬德拉斯、科倫坡和南非。在我的建議下，他在這些地方創立了興中會的革命組織。在楊衢雲赴海峽殖民地和南非前，為了保守秘密，我們彼此同意所有我們的信件都要編號碼。

楊衢雲在南非的歸途中，在新加坡和海峽殖民地建立了革命組織，並取得反滿秘密會社的合作和支持。楊衢雲抵日後，馬上派出信使，攜同一些我們的「宣言」和革命文書，前往長江流域各省。他們成功取得了這些地方所有反清的「堂口」和秘密會社的合作和支持。

就是通過這些渠道，在革命沸沸揚揚的日子，得到了許多戰鬥的物資。

在楊衢雲不在海峽殖民地和南非的日子，孫逸仙醫生和他的徒黨在日本忙於成立同盟會。因為我對於這個組織的情況知道得很少，那我只好讓孫逸仙醫生及其追隨者填補這一空白了。

五

各黨派的聯合

≋ 康有為與謝纘泰之間的會晤 ≋

1896 年 2 月 21 日，我在朋友和同事陳錦濤 [1]（陳錦濤博士）和梁瀾勳 [2]【圖十】在品芳酒樓所舉辦的晚宴上，見到了康有為 [3]【圖十一】胞弟康廣仁 [4] 和康黨的其他成員。陳錦濤博士曾任財政部長，梁瀾勳則曾任中國駐澳洲領事。

---

1 陳錦濤（1871—1939），字瀾生，廣東南海人，早年在中央書院求學。後赴天津北洋大學堂任教。嗣後獲美國加州大學柏克萊分校理學碩士和耶魯大學博士。他是中華民國首任財政總長，後因受政爭牽連身陷囹圄。出獄後曾任清華大學經濟系教授等。晚年投日，在南京的中華民國維新政府任財政部長，1939 年 6 月逝世。

2 梁瀾勳（約 1870—？），字慎始，廣東三水人，早年在中央書院求學。後曾出任清政府首任駐澳洲總領事，民國以後歷任粵海關監督等職。

3 康有為（1858—1927），本名祖詒，字廣廈，號長素，廣東南海人，中國著名政治家、經學家，維新變法主要發起人。重要著作有《新學偽經考》、《孔子改制考》、《大同書》等。

4 康廣仁（1867—1898），本名有溥，字廣仁，號幼博，廣東南海人，康有為弟。1898 年因參與戊戌維新被斬首。「戊戌六君子」其中一人。

【圖十】梁瀾勳

【圖十一】康有為

我們討論「改革及聯合和合作的重要性」。我自己不是「黨」人，但我強烈勸籲不同黨派聯合和合作，以期拯救中國。這亦是我一貫的政策。「聯合各黨各派，統一中國」，一直是我的座右銘。

在 1896 年 10 月 4 日，我如約與康有為在皇后大道中偉成茶行 [5] 會晤。我們討論到中國的政治情況，我建議在改革的宏業中，要聯合和合作。康有為擬定了他的改革大綱；那大綱太長了，難以在此記錄下來。它將會在全史中出現。

在秘密交換意見後，我們同意聯合和合作。

≈ 康有為 ≈

以下來自我當天的日記，有關康有為的描述：

5　原文作 "Wai Shing Tea Hong"，此為譯音。

康有為43歲[6]，是廣東省南海縣人。看起來，他是個有超凡智慧的人。他很有學問且有閱歷，擁有優秀的全面知識。他擁有驚人記憶力，且手不釋卷。他常常忙於求索，探究知識，探求方方面面的學問。他是現代中國最有學問的進步「中國學者」。據說，他過目不忘；他的信徒門生稱他為「康夫子」、「新孔子」。中國文人憎恨他。

　　他評論孔子的著作，有很多卷，亦因此他受到朝廷指責。他的著作，在中國禁止出版。

　　康有為中等身材。他人很精壯，也很健康。他的眼睛烏黑且有慧光，眼神靈快而銳利；雙眉既黑，且呈高拱；膚色是深的，額頭高且形狀秀麗，鼻樑和厚唇亦然。上唇留著修剪整齊的黑鬍子，耳朵小，但形狀甚佳。其中一些手指（左手第三及第四隻手指）留著長指甲！他的頭和手都不大，但都很勻稱。臉上表情堅毅，充滿智慧且迷人。深色眼珠炯炯有神。他舉

6　這一處記載有誤。康有為生於1858年。

止英偉，特立獨行，一看便知不是「等閒之輩」。

≋ 謝纘泰與康廣仁之間的會晤 ≋

1897 年 3 月 21 日，梁瀾勳帶了康有為之弟康廣仁，
和一位追隨者何章（字易一）來見我。

我們討論了時局，以及聯合與合作的重要性。1897
年 9 月 29 日，我如約和康廣仁在香港動植物公園東角噴
泉下的一棵大松樹下，進行了長時間的密談。我們同意
為聯合和合作而努力，康廣仁答應和其兄康有為認真討
論此事。下面是我當天的日記：

> 康廣仁謂，是的，我也甚同意你的意見，我們聯
> 合起來吧。一個身體如果缺了一腳一手，又有何用處
> 呢？我會欣然將你的意見，講給我哥哥聽。我可以肯
> 定，他一定樂於贊同。是的，我們應該將兩黨的精銳

分子連結在一起，且召開會議。我們希望看見一個對朝廷和千萬百姓都好的「和平革命」，但是我們必須準備隨時**舉事**。我不喜歡「不惜一切」的企圖「改革」。

像孫逸仙那樣的人嚇怕了我，他們破壞一切，我們不能與這樣輕率魯莽的人聯合。楊衢雲是個好人，我希望與他一晤。可惜的是，我們找不到更多有能力的人來推動這一運動。我哥哥和我已盡力而為，但恐怕我們不會有太多成就。湖廣總督張之洞[7]和我們之間達成了諒解。除他以外，在官員當中，還有許多同情者。我哥哥擔心自己鋒芒太露，現在變低調進行了。如果我哥哥纏上麻煩，我們的黨便不行了。我哥哥樹敵太多，他們一定不會放過任何機會，拉他下來。因此我們行事必須十分機警。誰都不能說我們的運動是反朝廷或是革命的運動！**我們可以拯救中國。**

7　張之洞（1837—1909）字孝達，又字香濤，晚號抱冰，直隸南皮人，晚清名臣。

≈ 政治的告白 ≈

康廣仁向我承認，他並不親滿。他和其兄嘗試為了中國人之福祉，而推行一「和平」起事。這一告白，已經在 1900 年 8 月的大通起事證實了。

在道別前，康廣仁感歎地謂：「甚麼是我們之責？我們生於斯世，就得履行我們之職責。這就是說，在我們去世之前，我們要盡自己所能，造福國人。」

可哀的是，我那可憐的朋友康廣仁便是在 1898 年 9 月 21 日慈禧太后政變中犧牲的維新志士之一。他怎麼也沒想到，他最後說的話，竟是一語成讖！

康廣仁誠實真摯，是個真正的愛國者。

1897 年 10 月 1 日 —— 康廣仁乘「龍門」(*SS Loong Moon*) 離港赴滬，會晤其兄和梁啟超[8]。梁啟超是著名的中國學者和政治家，也是康有為的主要門人。

8　梁啟超 (1873—1929)，字卓如，號任公，又有「飲冰室主人」之號，廣東新會人。中國近代著名學者、政治家，曾積極參與戊戌維新。重要著作有《飲冰室合集》等。

1897 年 10 月 3 日 —— 我將與康廣仁會晤的結果，告知身在南非的楊衢雲。他在 1897 年 1 月 7 日的一封來信中告訴我，他已安抵南非。

1897 年 10 月 20 日 —— 我收到楊衢雲 1897 年 8 月 28 日的來信，通知我他歸國的日期，並且告訴我在約翰內斯堡創立了一個革命黨分部。

1897 年 11 月 8 日 —— 康廣仁自滬來信，通知我梁啟超贊成聯合與合作。

1897 年 11 月 25 日 —— 楊衢雲離開南非的德爾班，前往科倫坡、海峽殖民地、仰光、香港和日本。

≈ 香港華人俱樂部 ≈

1898 年 1 月 9 日 —— 我與張才、陸敬科和梁瀾勳建立了香港華人俱樂部。見 1898 年 1 月 9 日的香港報章。

1898 年 2 月 2 日 —— 我在般含道的倫敦傳道會與李

提摩太法學博士晤面。我們討論了中國的改革，他承諾會大力支持改革運動。

1898 年 3 月 11 日──楊衢雲乘「若狹丸」（*SS Wakasa Maru*）抵香港的港口。我在船上與他見面，並告訴他與康有為康、廣仁兄弟會晤的結果。對於革命的組織，我亦予以忠告。我同時提醒他，須致力爭取海峽殖民地、長江流域各省和美國各反清秘密會社的合作和支持。（見 1898 年 3 月 4 日第 12 號函、1898 年 10 月 13 日第 25 號函、1898 年 9 月 22 日第 26 號函[9]、1899 年 8 月 7 日第 33 號函。）楊衢雲直抵日本，與孫逸仙醫生會晤。

≈ 禁纏足會 ≈

1898 年 3 月 12 日──康廣仁自滬來信，詢問楊

9　可能是謝纘泰收到該函的時間較遲。

衢雲的住址。我回覆了，同時建議為中國成立一個禁纏足會。

　　1898 年 3 月 21 日 —— 楊衢雲抵橫濱。

　　1898 年 3 月 25 日 —— 我往訪托馬斯・利德。《德臣西報》發表了一篇重要的文章，支持改革運動。

　　1898 年 3 月 29 日 —— 康廣仁自京來信，表示急於會晤楊衢雲。

　　1898 年 7 月 24 日 —— 康廣仁再次自京來信，表示急於會晤楊衢雲。我已寫信給楊衢雲，轉達康廣仁之友善厚意。

≈ 慈禧太后發動政變 ≈

1898 年 9 月 21 日 —— 慈禧太后發動政變。

康有為和梁啟超成功逃離北京，但康廣仁、譚

嗣同 [10]、劉光第 [11]、楊鋭 [12]、楊深秀 [13] 和林旭 [14] 被拿下，未經審判便被處決。

　　我會把慈禧太后發動政變的故事與及之後發生的事，讓我的老朋友康有為及其主要門人梁啟超撰述。

　　1898 年 9 月 29 日 —— 康有為抵港，稍作停留便在 1898 年 10 月 29 日乘「河內丸」(*SS Kawachi Maru*) 赴日。

　　當康有為在香港登岸後，我的老朋友何東 [15]，即現在的何東爵士，與他成為朋友。雖然北京滿清政府及其在廣東的奴僕敵視康有為，但何東還是待之如友好。

　　何東爵士一向是維新者的朋友。對於中國的福祉，

10　譚嗣同（1865—1898），字復生，號壯飛，湖南長沙人。戊戌六君子之一。

11　劉光第（1861—1898），原名光謙，字德星，號裴村，四川富順人，客家人。戊戌六君子之一。

12　楊鋭（1855—1898），字退之，四川綿竹人。戊戌六君子之一。

13　楊深秀（1849—1898），初名毓秀，字漪邨，山西絳州人。戊戌六君子之一。

14　林旭（1875—1898），字暾谷，福建侯官人。舉人出身，乃康有為弟子。戊戌六君子之一。

15　何東（1862—1956, Sir Robert Ho Tung），出身自中央書院，乃香港早年的巨商。

依然絕不吝惜自己的時間和力量。

1898 年 10 月 8 日 —— 我與何啟醫生討論政局及我們成功的可能。

≋ 康廣仁成烈士 ≋

1898 年 12 月 5 日 —— 李提摩太博士自滬來信，回覆我 1898 年 10 月 17 日有關我的朋友康廣仁的查詢。他通知我已安全和妥善處理康廣仁的遺體。他還談到拯救中國的問題如下：

1898 年 12 月 15 日

上海

親愛的先生：

收到你本月 6 日的來信，有關閣下友人的情況如下。

透過一位在京友人，我能做到的都已做了。自那時起，我直接寫信給他（你的友人），告訴他現在已替其不幸的弟弟妥善安排好一切了。

我向他提供了詳情。

至於其他有關拯救中國的問題，在我能力範圍內，我當致力於此。然而滿洲人拒絕**光**，亦不會邀請**友善的**外國人協助。有些身份重要的中國人更出版了一些文獻，侮辱西方最好的人。

他們想學習西方的軍事和海軍。他們想透過開礦**而**得到資金，從而**打倒外國人**，將他們全部驅逐出中國去。為着這一目的，部分滿洲人與一些重要的京官尋求與外國人的友誼；更甚的是對所有**外國人的憎恨**，令神無法給力量予他們。

就是這些原因最令中國受到破壞。中國和全世界的拯救端賴培養友誼而非軍國主義。讓中國和西方最好的人將締結**和平、好感、美德**的事工成為他們主要目標，那麼，時間到了，繁榮自會來臨。

然而，如果列國只以**自己國家利益先行**，那麼，

無論它們如何強大，無論它們是中國人或是歐洲人的國家，如果它們僅將正義居次，將不會久享國祚。積善別嫌多。

　　向你及你的國家致意。

李提摩太謹啟

〔蘇威廉[16]教授所著《中國的李提摩太》的頁 242 提到此信。蘇威廉是牛津大學（University of Oxford）的漢學教授。〕

16　蘇威廉（William Edward Soothill, 1861—1935），英國傳教士、知名漢學家，後為牛津大學的漢學教授。

六 聯合和合作

≋ 在長江各省的進展 ≋

1898 年 12 月 9 日 —— 收到 1898 年 11 月 24 日第 29 號楊衢雲自橫濱來函，通知我，我們的計劃成功了，及與湖南「改革派」的合作。

楊衢雲又告訴我，由於自私和妒忌，在聯合兩黨方面可能有困難。

1898 年 12 月 24 日 —— 我向在日本的康有為發信，概述我的政策，且強烈呼籲在爭取自由和獨立的運動中，應團結和合作。

1899 年 1 月 9 日 —— 康有為從日本來信，贊同我在「改革」的工作上團結和合作的政策。

1899 年 3 月 1 日 —— 我寫信給康有為，說服他團結和合作的重要性，又勸他與楊衢雲及其在日諸友取得

諒解。

1899 年 3 月 28 日 —— 梁啟超自日本東京來信，贊同我團結和合作的政策。又通知我，康有為離日赴美。

1899 年 4 月 17 日 —— 我發了一封信回覆梁啟超函，向他強調聯合與合作是十分重要的。

1899 年 4 月 23 日 —— 楊衢雲自橫濱來信，告訴我康黨的成員同意聯合與合作。日本朋友和支持者亦力勸兩黨聯合。

≈ 楊衢雲與梁啟超會晤 ≈

1899 年 6 月 19 日 —— 收到 1899 年 6 月 6 日第 31 號楊衢雲自橫濱來函，告訴我在橫濱的文經活版所辦公室與梁啟超會晤的經過。楊衢雲寫道：

> 他（梁啟超）勸我努力做好我們黨的工作，而他也努力做好他們黨的工作。但是現在他還不想和我們合

作。康黨太高傲，且妒忌我們這羣懂中、英雙語的士子。他們不願意和我們處於同等地位。他們只想管治我們，或者想我們全聽命於他們。他們不知道胡禮垣[1]【圖十二】先生在〈新政安行〉所提出的公平為何物。我曾經聽過幾位高明的湖南人，在評價他們時說過差不多的話。

〔按，我的老朋友胡禮垣已作古，是個大思想家和哲學家，與已故的何啟爵士合作翻譯和撰寫許多有關改革的書籍。康有為及其門人如飢似渴地讀這些著作。〕

〔他過着隱士的生活，是中國改革和獨立事業的忠實支持者。〕

我成功將各「領袖」牽合，盡力使兩黨聯合。然而他們未能使兩黨達到原來期望的聯合。這是最為遺憾的。一切變成了自私的政治弈棋之戲，陰謀算計可以得到勝利！

1　胡禮垣（1847—1916）字榮懋，號翼南，廣東三水人。業商，出身自中央書院，家境甚佳。他是中國近代著名思想家，中、英文造詣極高，且精通易理，乃一代通人。重要著作有《新政真詮》（與何啟合著）、《梨園娛老集》等。

【圖十二】胡禮垣

≈ 一幅政治漫畫 ≈

1899 年 7 月 19 日 —— 我設計和出版了一幅政治漫畫 ——《時局圖》—— 出現在許多外國的畫報上。之所以設計這一漫畫，是為了喚醒中國，以及警告國人，外國列強瓜分清帝國，已是迫在眉睫的事。

我容許楊衢雲將我的政治漫畫在日本以彩色滑稽版的形式出版。為此我為殖民地司所質問。

1899 年 8 月 3 日 —— 收到 1899 年 7 月 27 日第 32 號楊衢雲自橫濱來函，附有革命宣傳品。這些宣傳品已在國人之中廣泛流傳，鼓動他們起義，反抗滿洲的篡奪者。

1899 年 8 月 31 日 —— 收到 1899 年 8 月 31 日第 33 號楊衢雲自橫濱來函，告訴我以共和黨（中國合眾政府社會）之名義散發的革命「小冊」，已遠播至美國、檀香山、澳洲、海峽殖民地、曼谷、西貢和加拿大的同胞之中。

≋ 保皇會 ≋

1899 年 11 月 4 日 —— 我去信康有為，嚴厲譴責其
「保皇會」。

1899 年 11 月 6 日 —— 收到 1899 年 10 月 28 日第
34 號楊衢雲自橫濱來函，附有革命宣言和公開信的印刷
本，報告長江各省和世界其他地方的志士的工作進展順
利。楊衢雲抨擊並揭露康有為的「保皇會」真面目。

1899 年 11 月 19 日 —— 洪春魁（又名洪和、洪全
福）探訪我的父親，我因此認識他。之前，父親曾跟我談
到他。

洪春魁是「太平」王洪秀全之姪[2]。洪春魁去過不少地
方，對人情和世界事情都有徹底的認識。

〔按，後來，我與洪全福談。他同意與我合作，組織軍隊奪取廣州城。〕

1899 年 12 月 21 日 —— 政府下令逮捕康有為和梁
啟超。

2　應是從姪。

七

第二次企圖佔領廣州

≈ 聯邦政府 ≈

1899 年 11 月 19 日，我結識了洪全福。我又發現他曾接受相當的軍事訓練，以及在跟從其叔[1]「太平」王洪秀全時有行伍經驗。因此，我決定計劃、組織另一次奪取廣州的起事，同時創立由「守護者」領導的聯邦政府。皆因我認為「共和國」形式對中國和中國人來說太前衛了。是以我向父親請教。他贊成我將組織革命軍的工作交託給洪全福的決定。

革命的軍費由李柏[2]即李紀堂[3]所提供。為了革命，他

1　或是伯，原文是 "uncle"。

2　原文作李北，誤，應是李柏。

3　李紀堂（1873—1943），名柏，號紀堂，廣東新會人，香港富商李陞三子。早年傾心革命，為革命散盡家財。

已傾盡家財。李柏是革命中其中一個最偉大的財政支持者。這一事實，我是樂意記載下來的。

1900 年 1 月 24 日 —— 楊衢雲從日本乘「鎌倉丸」（*SS Kamakura Maru*）抵港。他告訴我，革命黨的湖南籍人士正在湖南和湖北偽裝成僧侶，積極運動革命，而且許多日本人也支持我們。

楊衢雲之言令我[4]吃驚：他告訴我，孫逸仙醫生要求他辭去黨的領導，以便讓位予孫。楊說在此之前我們差不多要分裂成兩黨，這是危險的。孫逸仙醫生有一天向楊衢雲透露，長江各省的「哥老會」已推選他為「會長」，且暗示不能有兩個會長，因此如果楊不承認他的新位置，楊便必須獨立工作。楊表示樂意退下來，且忠告孫莫要鼓勵分裂。我[5]亦告訴孫逸仙，為了革命，我一向願意犧牲自己的生命，更遑論位置了。我說我們必須服從人民的意志。我又告訴他，我不在乎誰任會長，只要能在他

4　謝纘泰。

5　楊衢雲。

領導下有重大進展便可。孫醫生請我問你是否同意這樣的改變及承認他的任命。（見我的日記）

為了避免的派系分裂，我勸楊衢雲辭去會長之職，讓位予孫逸仙醫生。

1900 年 2 月 6 日 —— 楊衢雲邀請我加入新革命黨 —— 同盟會[6]。該會由孫逸仙醫生及其支持者在日本所組織。由於孫逸仙醫生篡奪了楊衢雲的位置，我拒絕加入孫之黨的邀請。我不贊同孫逸仙醫生霸道的行為，因此我決定單獨行動。

1900 年 2 月 9 日 —— 我在廣州發表我的信〈解放、自由與改革〉（"Liberty, Freedom and Reform"），預期第二次奪取廣州的起事會成功，以及為革命「開路清道」。那是要成事便要走迂迴曲折道路的日子！

6　編者按，這一記載似有誤。同盟會是在 1905 年創辦的。

八、

拯救經蓮山

≋ 謝纘泰與立德夫人會晤 ≋

　　1900 年 2 月 26 日 —— 我在香港的中國會 (Chinese
Club) 與立德夫人晤面，在那裏，她開講纏足之害。立德
夫人委任我的妻子為反纏足會的本地秘書。立德夫人助
我一把 —— 她透過影響港督卜力[1]及其夫人向澳督派出信
使，讓改革分子經蓮山[2]得以從澳門大炮台獲釋。我的朋
友《孖剌西報》編輯史密夫、根寧咸、《德臣西報》編輯
利德，對這一案件亦感興趣，因此均在他們的報紙發表
顯著的文章，呼籲早日釋放該囚犯。

1　卜力 (Sir Henry Arthur Blake, 1840—1918)，香港第 12 任港督。香港
　　的卜公碼頭是以他命名的。
2　經元善 (1840—1903)，字蓮珊 (蓮山)，浙江上虞人，清末商人，思想
　　新穎，支持維新運動。經元善乃教育家經亨頤 (1877—1938) 之父。

經蓮山是上海電報局滬局總辦，因被誣告侵吞中國政府方面提供予電報局的資金，而在澳門為葡萄牙政府所拘。經蓮山便是那一位自上海發電報，請求慈禧太后不要廢光緒帝的人。經蓮山和 1,231 人在該電報上簽了名。

我的老朋友徐善亭[3]告訴我經蓮山被捕和監禁的消息。徐是改革與獨立的忠實支持者。

以下，立德夫人與史密夫的信是有趣的：

1900 年 2 月 27 日

香港禮賓府

親愛的謝纘泰先生：

星期四的聚會是開放給所有天足或纏足的中國女性，只要她們想來便可。卜力夫人特別希望見到你的太太。我也是的。

3　徐善亭（1854—1912），廣東番禺人，興中會會員。在清末民初時業牙醫。

為了你朋友的事，我寫了兩封信給澳門的高級官員。匆匆不一。

雅麗士 · 立德謹啟

1900 年 3 月 3 日
《孖剌西報》香港辦公室

親愛的謝纘泰先生：

　　我恐怕就算外國報紙説甚麼東西，都不會有直接或間接的長遠影響，但我們仍會盡力而為。

　　我很難想到澳門政府會不顧歐洲人和華人的感受而放棄經蓮山先生。我打算派一個記者往澳門出席審判。剛巧在我們的僱員當中沒有一個合適的人，但我今天會寫信到澳門去，看看是否能找到一個人做這件事。

華列斯 · 史密夫謹啟

1900 年 2 月 28 日 —— 我的父親、楊衢雲和我開了一個會議。我們討論了中國的政治情況，和拯救中國的良方。

1900 年 3 月 5 日 —— 李柏來訪，我們討論了政治情況。

1900 年 3 月 31 日 —— 我與容閎法學博士在湯馬士酒店（Thomas's Hotel）會晤，我們討論了政治情況。

1900 年 4 月 2 日 —— 容閎博士與我密談良久。容閎博士同意我在能幹的基督教徒領導下的聯合和合作政策。

容閎博士謂：「我還未見過孫逸仙醫生。他年紀多大？我覺得孫沒有甚麼本事，皆因他太魯莽了。」

容閎法學博士是耶魯大學（Yale University）的畢業生，他是個真正愛國的人。他就是那個帶了第一批中國學生到美國受教育的人，當中計有著名的政治家唐紹儀[4]。1870 年，主要透過他的影響，著名的教育使團得以

4　唐紹儀（1862—1938），字少川，廣東香山人。唐紹儀生於富家，據説早年曾在香港的中央書院讀書，後參與留美幼童計劃，自美國哥倫比亞大學肄業。晚清民國著名政治家。晚清時歷任駐朝鮮總領事、天津海關道兼北洋大學堂督辦等職。1912 年任國務總理，之後曾在廣州軍政府等任職。1938 年在上海被暗殺身亡。

派送到美國去。這可算是容閎博士一生的偉大之作。1864 年，他為江南製造局的籌建鋪路；1870 年則是協辦中國輪船招商局。1876 年，其與陳蘭彬[5]同被委任為中國駐美國華盛頓副使。

1900 年 4 月 3 日 —— 我安排容閎和楊衢雲密會，以期加快聯盟和合作。

1900 年 4 月 4 日 —— 容閎博士乘「中國皇后」(*SS Empress of China*) 郵船赴美。我寫信給孫逸仙醫生，建議他在日本與容閎博士會晤。

1900 年 4 月 11 日 —— 我和何啟醫生討論了政治情況，與及革命運動成功的前景。

5　陳蘭彬 (1816—1895)，字荔秋，廣東吳川人，1853 年中進士，乃首任中國駐美公使。

≋ 惠州起事 ≋

1900 年 4 月 18 日 —— 楊衢雲往訪。為避免各黨派領導之間的自私行徑和妒忌，我強烈建議推舉容閎法學博士為聯合改革黨的會長。楊衢雲通知我，惠州起事的組織工作進展迅速且順利。

1900 年 4 月 22 日 —— 李柏加入革命黨。

1900 年 4 月 26 日 —— 楊衢雲乘「阿波丸」(*SS Awa Maru*) 赴日，與孫逸仙醫生協商。

1900 年 5 月 6 日 —— 陳少白、李柏和我討論有關惠州起事的事。

1900 年 6 月 6 日 —— 收到 1900 年 5 月 26 日楊衢雲自橫濱來函，告訴我他決定往訪澳洲和美國。

1900 年 6 月 17 日 —— 楊衢雲和孫逸仙醫生自日乘「印度河」(*SS Indus*) 抵港，陪同來的，還有一些日本朋友與支持者。楊衢雲、孫逸仙醫生、陳少白、張壽波、

平山[6]和我在「印度河」號傍的一隻舢板上會晤，並舉行了一小時的會議。

楊衢雲和孫逸仙醫生向我們保證，日本政府會支持我們。

決定了立即積極開展活動，不要遲疑。楊衢雲登陸香港，孫逸仙醫生則前往海峽殖民地。

≋ 李鴻章的陷阱 ≋

在楊衢雲和孫逸仙醫生抵港當日，粵督李鴻章[7]設陷阱欲綁架他們。

二人被邀登上廣州炮艦「安瀾」號參加會議，但他們的日本諸友警告他們不要前往。他們粉碎了這次綁架的陰謀。

6　應是日人平山周（1870—1940）。

7　李鴻章（1823—1901），字少荃，諡文忠，安徽合肥人。晚清其中一位最重要的高級官員。

1900 年 6 月 25 日——《德臣西報》編輯部的史密夫來訪。他向我保證會支持我，說他將繼承托馬斯‧利德的道路。

　　1900 年 7 月 1 日——楊衢會與我在香港大酒店（Hong Kong Hotel）會晤我們的日本朋友和支持者：福本（M.Fukomoto）、Macamoto Ntoo、大崎（Y.Osaki）、原大尉（Captain[8] S.Hara）、伊藤（M.Itoh）、岩崎（H.Iwasaki）。我們討論了中國的政治情況。

　　福本保證，他和他的朋友支持我們。又説：「我們準備為你們的事業灑熱血。」

　　1900 年 7 月 2 日——福本和他的朋友乘「寮國」（*SS Laos*）前往西貢會見孫逸仙醫生。

　　1900 年 7 月 17 日——孫逸仙醫生和他的朋友乘「佐渡丸」（*SS Sado Maru*）到達香港，但被香港政府禁止上岸。

　　1900 年 7 月 20 日——孫逸仙醫生乘「佐渡丸」赴日。

　　1900 年 7 月 21 日——何啟醫生報告，卜力爵士支

8　　或指船長。

持中國南部成立一個共和國。

1900 年 8 月 1 日 —— 何啟醫生在《德臣西報》上發表一篇文章，以我們的政治綱領為依據。

1900 年 8 月 2 日 —— 何啟醫生和我討論我們的政治綱領條項以及向列強的呼籲。

1900 年 8 月 21 日 —— 我提倡宗教信仰自由，和建立獨立的中國基督教會。詳見寫給神學博士荷爾（Hoare）主教、法學博士李提摩太及康蘭茲（Kranz）牧師的信。

1900 年 8 月 22 日 —— 何啟醫生署名「塞內西斯」（Sinensis）的〈公開信〉（"Open Letter"），在《德臣西報》發表。

≈ **大通起事** ≈

1900 年 8 月 26 日 —— 康有為及其追隨者在安徽省的大通和湖北省的漢口組織了一次不成功的革命運動。[9]

9　編者按，這只是謝纘泰的理解。康有為是保皇派的領袖，向不支持革命。

容閎法學博士與其姪容星橋 [10] 與這次運動有關。他們僅以身免。

1900 年 9 月 11 日 —— 由於大通起事失敗，容閎博士從上海逃走，乘「日本皇后」號（*SS Empress of Japan*）到香港去。

領袖唐才常 [11] 及其他人被捕且被斬首。

1900 年 10 月 5 日 —— 鄭弼臣 [12] 將軍在惠州升起了獨立的旗幟。

《德臣西報》、《士蔑報》、《孖剌西報》支持這一運動。

1900 年 10 月 28 日 —— 史堅如 [13] 謀炸廣州的德壽 [14]

---

10 容星橋（1865—1933），廣東香山人，容閎族弟，曾參與留美幼童計劃。後致力革命工作。

11 唐才常（1867—1900），字伯平，又字佛塵，湖南瀏陽人。因發動起事，為張之洞逮捕和斬首。

12 鄭士良（1863—1901），字弼臣，廣東惠陽人，孫中山在廣州習醫時所認識的同學，革命烈士，與反清秘密會社有密切關係。

13 史堅如（1879—1900），原名文緯，字經如，後改堅如，廣東番禺人。革命烈士。

14 德壽（1837—1903），字靜山，漢軍鑲黃旗人，曾任兩廣總督。

總督衙門，嗣後被逮捕和處決。

1900 年 11 月 7 日 —— 惠州起事因缺乏軍火和人力而告失敗。

1900 年 11 月 28 日 —— 總督德壽發表告諭，譴責楊衢雲及其他維新者。

≈ 楊衢雲遇刺 ≈

1901 年 1 月 10 日 —— 楊衢雲在他位於香港結志街 [15]52 號的學堂遇刺。兇手逃往廣州。

楊衢雲是一個思想崇高的人。從他的內心與靈魂而言，對革命都始終如一。可以説，他是中國愛國者中，最崇高者之一。他為自由與獨立的事業而成烈士。

楊衢雲的遺體卜葬香港西洋墳場，而他一生的生平和志事仍有待編寫。

15　一條在香港中環的街道。

1901 年 3 月 1 日 —— 我收到孫逸仙醫生 1901 年 2 月 13 日寄自橫濱的信，對楊衢雲被刺深表哀悼，並傳來訃聞，供分發之用。

1901 年 5 月 25 日 —— 我與《孖剌西報》編輯阿佛列・根寧咸密談，是有關自由與獨立運動的。

1901 年 9 月 23 日 —— 經蓮山親往訪我，向那些對此案感興趣，以及曾協助他自澳門大炮台監獄釋放的人，敬致謝忱。

≋ 第二次攻佔廣州的嘗試 ≋

1901 年 9 月 26 日 —— 我與李柏商議，他表示願意和我合作，再次組織謀取廣州的活動，並建立一個臨時政府，以容閎法學博士為總統。

我們決定將招募和組織戰鬥力量的工作交予洪全福。

1901 年 10 月 3 日 —— 吳老三又名吳瑞生，自香港被驅逐出境，因他與暗殺楊衢雲有關。

1901 年 10 月 7 日 —— 我與洪全福討論攻佔廣州的計劃。

　　1901 年 10 月 13 日 —— 我與父親討論攻佔廣州運動的組織工作。

　　1901 年 10 月 25 日 —— 我與何啟醫生討論自由和獨立運動的組織工作。

　　1901 年 10 月 30 日 —— 洪全福、李柏和我會晤，討論攻佔廣州，及創立臨時政府的計劃。

≈ 與莫理循醫生的訪談 ≈

　　1901 年 11 月 22 日 —— 我在香港大酒店與《泰晤士報》記者莫理循醫生見面。

　　我們討論了自由和獨立的運動，且向我保證他對此予以同情和支持。他說：「我頗願意幫助你，並會盡我所能，促進和支持這一運動。我的支持，意味着《泰晤士報》的支持；《泰晤士報》的支持，則意味着英國人的支持。

我的政策，就是《泰晤士報》的政策。」

莫理循醫生強烈提倡該廢去慈禧老太后。他提到其友濮蘭德（J.O.P. Bland）[16] 及時在吳淞拯救了康有為。

以下是我所記下有關莫理循醫生見面的描繪：

> 莫理循醫生儀表出眾、相貌非一般。他長得高，鬍子剃得潔淨，長着一道粗闊而英氣的眉，還有一雙炯炯有神的大眼睛，眉是直的，鼻是長的，咀長得堅挺，唇是薄的。
>
> 他的頭髮很輕盈。他是那類長相很好看的澳洲男子。
>
> 我覺得他有修養，溫文和藹，是個很有常識和性格果斷的人。

1901 年 12 月 26 日 —— 容閎法學博士到抵港赴美。我透過李柏，將秘密指示給他。

---

16 濮蘭德（J.O.P. Bland, 1863—1945）是英國作家、記者。

1902 年 1 月 16 日 —— 我收到史密夫 1901 年 12 月 13 日寄自倫敦的信，説收到了經蓮山的感謝函。

1902 年 1 月 18 日 —— 我收到李提摩太博士 1902 年 1 月 13 日寄自上海的信。他寫道：

> 盼你為你國家改革所付出的努力，能得到許多的祝福。

1902 年 1 月 28 日 —— 孫逸仙醫生乘「八幡丸」(*SS Yawata Maru*) 抵港，且在士丹利街 24 號居停。

1902 年 2 月 3 日 —— 孫逸仙醫生離開香港。

1902 年 4 月 1 日 —— 我收到莫理循醫生 1902 年 3 月 17 日寄自北京的信。他把他的地址給了我，並詢問運動「消息」。

1902 年 4 月 16 日 —— 我的信〈滿洲的統治〉("Manchu Rule") 在《士蔑西報》發表。

因為我們要依靠反清秘密會社為革命提供戰鬥物資，因此我常常在外國報紙發表文章和信函，爭取他們

的支持。

1902 年 5 月 16 日 ── 容閎博士乘「加力」(*SS Gaelic*) 赴美。

1902 年 5 月 23 日 ── 我收到史密夫 1902 年 4 月 25 日寄自倫敦《孖剌西報》的信，他保證會支持我。

1902 年 6 月 6 日 ── 我提出在港華人的大眾代表問題。見 1902 年 6 月 6 日《孖剌西報》。

1902 年 6 月 9 日 ──《孖剌西報》編輯根寧咸協助我起草致列強的宣言和呼籲。

≈ 有史以來最腐敗的政府 ≈

1902 年 7 月 4 日 ── 我收到莫理循醫生 1902 年 6 月 25 日寄自北京的信，探詢「消息」。他寫道：

> 除了波斯和土耳其，這國家的現政府是有史以來最腐敗的。

1902 年 8 月 11 日 —— 我收到《孖剌西報》的史密夫 1902 年 7 月 7 日寄自倫敦的信。他保證會支持我們。他寫道：

改革是一定的了，且對政府的制度作一徹底變革是絕對必要的。那可能需要一場大革命，但是我深抱懷疑。我想像的是，那會是緩慢前行的事。無論如何，一定要有一個開頭，越快越好。

1902 年 8 月 13 日 —— 我寫信給容閎法學博士，着他在美組織一個秘密團體，謀求美國朋友和同情者的支持。

1902 年 10 月 9 日 —— 我寫信給莫理循醫生，提醒他準備革命的到來。我亦給在倫敦的史密夫寫信。

1902 年 10 月 16 日 —— 我與父親討論洪全福組織工作的進度。

1902 年 10 月 19 日 —— 我提醒《德臣西報》編輯利德及《孖剌西報》編輯根寧咸，革命即將到來。

1902 年 11 月 2 日 —— 我提倡在中國要取諦奴隸

制。見各英文和中文報章。

1902 年 11 月 6 日 —— 我收到容閎法學博士 1902 年 9 月 21 日自康涅狄格州（Conneticut）哈特福（Hartford）米圖爾街（Myrtle Street）12 號發出的信。他寫道：

> 一方面，我已準備妥當；另一方面，我將盡我所能，滿足你們的「需要」。請盡快將暗號和密碼付寄。這是我們通訊不可或缺的輔助。

1902 年 12 月 13 日 —— 孫逸仙醫生乘「印度河」抵港再前往西貢。

1902 年 12 月 24 日 ——《孖剌西報》編輯根寧咸秘密印刷我們的獨立宣言。同時為了保密，獨立宣言寫和刻在石頭上！

1902 年 12 月 25 日 —— 我的弟弟謝子修（謝纘葉 [17]）從新加坡乘「高麗」（SS Korea）到港。我安排他作我的副手。

17 謝纘葉（1875—1933），英文名 Thomas，謝纘泰弟，廣東開平人，生於悉尼，早年亦在中央書院求學。1933 年 1 月 23 日在上海逝世。

≈ 與莫理循醫生會面 ≈

1902 年 12 月 26 日 —— 莫理循醫生從海防乘「海口」(*SS Haihao*) 抵港。我們在香港大酒店密談。兩日後的 28 日，我們再次見面。我把我們的獨立宣言給他若干份。

1902 年 12 月 27 日 —— 洪全福與我弟弟謝子修因特別任務前往廣州。

1902 年 12 月 29 日 —— 莫理循醫生乘「青島」(*SS Chingtu*) 返澳洲。在分別前，他保證，會給我始終不渝的支持；同時答應，收到我的電報後便會立即返回中國。

1902 年 12 月 30 日 —— 我收到弟弟謝子修 1902 年 12 月 29 日自廣州寄來的信，報告運動的八個重要領導在芳村 [18] 舉行秘密會議的結果。

1903 年 1 月 1 日 —— 洪全福和我的弟弟謝子修完成任務，自廣州返。

1903 年 1 月 9 日 —— 根寧咸來訪，他報告加士居

---

18 芳村在廣州。

（Gascoigne）將軍和艦隊司令官都支持我們的獨立運動。

1903 年 1 月 13 日 —— 洪全福來訪，報告他打算在 1 月 28 日晚上（中國新年的大除夕）攻奪廣州城。

1903 年 1 月 20 日 —— 我和父親及弟弟謝子修討論形勢。

≈ 出賣 ≈

1903 年 1 月 25 日 —— 洪全福和我的弟弟謝子修經澳門赴廣州，為行動提供指導，以便攻佔廣州。他們出發沒多久，洪全福在德己立街 20 號的總部遭到香港警察搜查，有些人被捕了。

1903 年 1 月 26 日 —— 我急發了一個訊息給在芳村巴陵會（Berlin Mission）的郭宜堅牧師（Rev.A. Kollecker），請他提醒在廣州和芳村的各位朋友和同情者。我和根寧咸和利德討論起事情況，同時觀望事態發展。我派了一個專使到澳門找尋和提醒洪全福和我弟弟

謝子修，説我們的運動被人出賣了。

1903 年 1 月 27 日 —— 我的父親因憂懼被人出賣和攻佔廣州的企圖失敗而病倒了。或許這次圖謀失敗是好事，而我最信任的神，會知道得最清楚。

1903 年 1 月 27 日 —— 我弟弟謝子修自澳門返。在芳村和廣州的軍械和制服等都被廣東政府搜獲，很多人被捕了。洪全福剃去鬍子，化裝逃去。伊文斯哈士頓律師事務所（Messers.Ewens and Harston）的哈士頓（J.Scott Harston）留下來，照料被捕和在囚的改革分子。

1903 年 1 月 31 日 ——《孖剌西報》發表一篇重點文章，提到要保護所有改革分子及其同情者。根寧咸和哈士頓為他們而出力，全部被監禁者得以釋放，引起一陣哄動。

≈ 南清早報有限公司 ≈

1903 年 2 月 6 日 —— 我和根寧咸討論推廣南清早報有限公司，以促進改革和獨立的事業。

1903 年 2 月 7 日 ——《德臣西報》發表了一篇很長的社論，支持「改革」運動。

1903 年 2 月 14 日 —— 我和父親討論形勢。為了避免無益的流血發生，我們決定解散內地不同的武裝力量。

1903 年 2 月 17 日 —— 我的父親表示憂慮自己快要離開人世，又譴責洪全福不聽他的忠告。洪全福不夠審慎，我的父親懷疑他有私心。

≋ 謝日昌逝世 ≋

1903 年 3 月 11 日 —— 我的父親在香港以 72 歲之齡逝世。

1903 年 3 月 16 日 —— 我和莫理循醫生在香港大酒店會晤。我們討論了中國的政治情況。他保證堅定不移地提供支持。

1903 年 4 月 1 日 —— 成功推廣南清早報有限公司。我獲該公司委任為買辦。

由於攻奪廣州城的企圖失敗和我的父親逝世，我決定讓孫逸仙醫生及其追隨者自由行動。我將投入時間，透過《南清早報》及其他報紙的專欄，提倡改革與獨立的事業。

　　現在《南華早報》被視為南中國的主要報紙。

　　1903 年 4 月 28 日 —— 我署名「憤怒」（Indignation）的公開信〈俄國和滿洲〉（"Russia and Manchuria"）在《孖剌西報》刊載。

　　1903 年 8 月 7 日 ——《德臣西報》和《孖剌西報》在我的要求之下，發表強硬的重點文章，支持在上海被捕的《蘇報》犯。

　　1904 年 7 月 22 日 —— 我出版了有關日俄戰爭的首本中文日記，且得到日本高級官員的讚賞。

　　1904 年 8 月 22 日 —— 我提倡成立一個保護古代歷史遺跡的國際團體，以及廣泛取諦破壞行為。見 1904 年 8 月 22 日的世界和香港報紙。

【圖十三】伍連德

≋ 世界中國學生聯合會 ≋

　　1904 年 10 月 1 日 —— 我提倡組織世界中國學生聯合會。見我致老朋友伍連德博士 [19]【圖十三】（碩士、醫學博士、法學博士）的信。伍連德博士是世界聞名的中國疫症專家、北京中央醫院和醫學院的創辦人。他是中國醫學史其中最重要的一人。

　　1905 年 12 月 28 日 —— 我提議一個方法，終結在華的抵制美國運動。見 1905 年 12 月 28 日的《南清早報》。

　　1907 年 4 月 26 日 —— 孫逸仙醫生、黃興及其他人在廣東西南的黃岡和欽廉舉起義旗。

　　1907 年 7 月 18 日 —— 我收到容閎博士 1907 年 6 月 7 日寄至康涅狄格州南溫莎（South Winsdor）的信件，

---

19 伍連德（1879—1960），字星聯，廣東台山人，生於馬來亞的檳榔嶼，世界著名醫學專家。伍連德留學英國劍橋大學，進伊萬紐學院（Emmanuel College），研究細菌和傳染病學。劍橋大學學士、劍橋大學醫學博士。後香港大學頒予法學博士銜。1910 年—1911 年中國東北爆發鼠疫，伍連德成功控制了疫情，因而聲名大振。後與王吉民合撰《中國醫史》。抗戰時返馬來亞定居和行醫；有自傳《鼠疫鬥士：伍連德自傳》（*Plague Fighter: The Autobiography of a Modern Chinese Physician*）行世。

保證會繼續提供支持。

1907 年 9 月 24 日 —— 為了阻礙俄國的陰謀，我主張立即將滿洲殖民以及開發礦物資源。見 1907 年 9 月 24 日《申報》。

≋ 容閎博士的計劃 ≋

1907 年 10 月 22 日 —— 我收到容閎博士 1907 年 9 月 17 日寄自康涅狄格州哈特福庇護所大街（Asylum Avenue）771 號的信。他提交了他那促成中國成功革命的計劃。

1908 年 1 月 25 日 —— 我和莫理循醫生在香港大酒店會晤。我們討論到中國的政治情勢。（詳見我日記中的長篇訪問。）

1908 年 5 月 12 日 —— 孫逸仙醫生、黃興、胡漢

民 [20] 和汪精衞 [21] 在雲南省邊境河口舉起了義旗。

1908 年 8 月 17 日 —— 我收到容閎博士 1908 年 7 月 14 日寄自康涅狄格州哈特福軍士街（Sargeant Street）310 號的信，提倡聯合各改革黨派，同時譴責康有為及其保皇會。

1909 年 6 月 30 日 —— 我提出是中國人在明朝首先發現北澳洲，並提議由中國政府進行調查。見 1909 年 6 月 30 日《德臣西報》。

1910 年 5 月 17 日 —— 我收到容閎博士 1910 年 4 月 13 日寄自康涅狄格州哈特福艾活街（Atwood Street）16 號的信，他在信中猛烈抨擊康有為及其信徒，並告訴

---

20 胡漢民（1879—1936），原名衍鴻，字展堂，廣東番禺人，早年曾留學日本。中國國民黨早期主要領導之一，也是國民黨早期右派的靈魂人物。有《不匱室詩鈔》傳世。

21 即汪兆銘（1883—1944），字季新，號精衞，中國近代政治家，生於廣東三水縣，秀才，曾留學日本。青年時加入中國同盟會，1910 年，謀刺清朝攝政王載灃失敗，被判終身監禁。辛亥革命後獲釋。孫中山對之極信任，孫逝世後歷任國民政府主席、軍事委員會主席、行政院院長、國防最高會議副主席及中國國民黨中央政治委員會主席、中國國民黨副總裁等。1940 年，汪與日本人合作，在南京建立汪精衞政權。1944 年病逝日本名古屋。有《雙照樓詩詞稿》傳世。

我，他與孫逸仙醫生會晤的情況。

1910 年 10 月 24 日 —— 我提倡美國與中國之間要有更密切的認識，同時討論太平洋將來應如何控制。見 1910 年 10 月 24 日的《南清早報》。

1911 年 2 月 22 日 —— 我將我的公開信〈俄國和中國〉（"Russia and China"）發給列強政府、外國駐京公使和所有外國報紙，以便為中國的大革命鋪平道路。

1911 年 4 月 8 日 —— 廣州韃靼將軍孚琦[22]遇刺。

1911 年 4 月 27 日 —— 黃興等人襲擊總督衙門及企圖攻佔廣州。在這次攻擊中，72 個革命分子犧牲了。

≈ 哈林·馬西爵士 ≈

1911 年 6 月 14 日 —— 我收到哈林·馬西爵士（Sir Hiram S.Maxim）1911 年 5 月 13 日寄自倫敦的信。

---

22 孚琦（1857—1911），滿州人，歷任廣州副都統和廣州將軍等職，1911 年為革命黨人溫生才（1870—1911）刺殺身亡。

他說可提供一種新來福槍給中國，且提到飛行機器的重要性。

他闡述了飛行機器與飛船的不同。

馬西爵士在演講和文章中，經常支持中國人。他對中國人爭取自由和獨立的鬥爭，深予同情，甚至自願向中國共和政府提供其寶貴服務。

在一封1913年4月14日給我的信中，他寫道：「假如中國人給我機會，我可以為中國做很多事情」；「我被譽為是世界上最偉大的軍火專家」；「在上屆巴黎展覽會上，我榮獲大炮的個人格林披治大獎」；「儘管我是老年人，但仍然活躍，可以從事許多工作」；「我長久以來一直對中國人深表同情，願以我力助他們，以為我畢生事業之結束」。

透過我的朋友莫理循醫生，我熱切地將馬西爵士直接推薦給袁世凱總統，但袁世凱沒有好好利用馬西爵士的好意。1899年，我曾把我的飛船設計，寄給馬西爵士。利用飛船作空中航行的問題，利用船頭、船尾和艙面的摩打風扇推進器的問題，我均在1894年解決了。這三個

艙面推進器包含了陀螺儀上升和下沉的理論。馬西爵士只相信飛機而不相信飛船。在當時，世界上許多有插畫的報紙和雜誌都刊登了我的飛船設計圖。

1911 年 8 月 25 日，我在《孖剌西報》揭穿一位作者（歐洲人）「林少陽」[23] (Lin Shao-yang)，其文章題目為〈中國人向基督教界的呼籲〉(*A Chinese Appeal to Christendom*)。他在《字林西報》(*North China Daily News*) 的欄目道歉。

---

23 此人即莊士敦 (Sir Reginald Fleming Johnston, 1874—1938)，蘇格蘭人，字志道，出身自牛津大學，是溥儀 (1906—1967) 的老師之一。

九

革命

≈ 武昌起義與黎元洪 ≈

1911 年 10 月 10 日 —— 湖北省新軍叛變，又與革命分子合作，成功佔領武昌。

北起直隸，南迄廣東，東自山東，西至四川，革命很快傳遍整個帝國。革命的進程，既迅速且猛烈，引起北京一片惶恐，在絕望中滿廷起用袁世凱，冀能平定起事和拯救王朝。

在 15 日內，帝國已失去了所有長江下游省份。至 11 月中，14 省已宣告獨立。

黎元洪 [1] 被革命委員會推舉為武昌臨時政府的總統。

1　黎元洪（1864—1928），字宋卿，湖北黃陂人。清末民初著名政治家。

1911 年 10 月 25 日 —— 轄輜將軍鳳山[2]在廣州被炸死。

1911 年 11 月 3 日 —— 我回覆馬西爵士 1911 年 9 月 29 日的信，謝謝他的支持和提供新來福槍。

1911 年 11 月 4 日 —— 革命分子攻佔了上海。

1911 年 11 月 9 日 —— 廣東宣告獨立。

1911 年 12 月 21 日 —— 孫逸仙醫生乘「單佛拿」(*SS Devanha*) 抵港。我們在船上會晤並互相問好。

孫逸仙醫生離港赴京。

≋ 孫逸仙醫生獲選為臨時大總統 ≋

1911 年 12 月 29 日 —— 孫逸仙醫生獲軍事會議選為中華民國臨時大總統。

1912 年 1 月 15 日 —— 我訪問我的編輯朋友：《南清

2　鳳山，字禹門，號茗昌，姓劉，漢軍鑲白旗人。清末軍事將領。

早報》的彼得 、《孖剌西報》的希路，奉勸他們敦促英國承認中華民國。我同時寫信給法學博士容閎和《泰晤士報》通訊員莫理循醫生、史密夫、馬西爵士。

≋ 法學博士容閎的忠告 ≋

1912 年 1 月 23 日 —— 我收到法學博士容閎 1911 年 12 月 22 日寄自康涅狄格州哈特福軍士街 284 號的信件。他如下寫道：

> 1911 年 12 月 22 日
> 軍士街 284 號
> 康涅狄格州哈特福

> 我親愛的謝纘泰：
> 由於你是一位革命領袖，我現在附上其中一封我打字的信，以示莊重。

我所憂慮的是，在北京掠奪成性的的列強會對袁世凱有壓倒性的影響。唐紹儀輩會不惜一切，影響上海的會議，以便推行立憲政體，令袁世凱和唐紹儀得以控制新政府。這和滿州王朝再次臨政一樣糟。

　　新的中國，需操在純正的中國人之手，而不是讓勾結外國掠奪者的騎牆派和賣國者操縱我們的內政。但如果要請外國人的話，最好是美國人。我們可以合約聘用，隨我們自己的意願，合則留，不合則裁。這一重要問題，該靜心討論，且由代表在一個中央城市召開的國民議會所決斷議定。

　　然後，當立刻組織一個臨時政府。它的創立，是為了開展政府的運作，以及令社會重回正軌。也想聽聽你的意見。

　　聖誕快樂，順頌新禧。此致。

　　　　　　　　　　　　　　　　　　容閎

　　　　　　　　　　　　　　　　　　（附件）

1911 年 12 月 19 日

康涅狄格州哈特福

　　先生們，你們都受到感召，領導這一場偉大的起事。在短時間內，即將滿廷削弱至苟延殘喘之地步。

　　另一方面，你們承四億五千萬人之志。他們遭受了 300 年的壓抑和低潮，呼喊着要一個共和國，給他們自由和獨立。現在你們已降服滿洲人了，但切勿被巧言令色的政治騎牆派所迷惑，令你們偏離召喚共和國的本心。他們總會説立憲政體與國家的先例相契合，與國家傳統和組織相諧和，又會説有樞密院的立憲政體由此人如袁世凱為總理，便可確保政治承諾得以兑現。

　　別相信這樣的話。別要信袁世凱借其喉舌唐紹儀所告訴你們的話。你可以肯定，他們是在圖謀不軌的。袁世凱是何許人？他不就是在 1898 年出賣其主子光緒皇嗎？背叛者焉能相信？他在北京廣為外國外交官所景仰。他因着滿清一朝之傾頹而漁利，假惺

惺裝模作樣地巧取豪奪，以便牢牢掌控住內閣總理大臣、鴉片鬼慶親王[3]。然後袁世凱那條瘸腿[4]便立即沒事了，他能舉足，出來支撐臭名昭彰的滿洲機器，再一次將中國操在自手中，以自己為操控者，予取予攜。

這樣城府很深的人可以信賴嗎？他應該如被流放的滿洲人般被流放。其姓氏「袁」應該從家庭姓氏的全國紀錄中剔除。他當在歷史中冠以叛徒之惡名，永為後世詛咒。

大量的中國人都在呼喚着一個共和國，而你，作為他們的領袖，支持他們的呼喚。人民的聲音便是神的聲音。因此，跟着這把聲音走，你總會走對路的。

但是，仍有另一把微弱的聲音在我的心頭縈繞不散；我是要認認真真說清楚的。是這樣的：當你完成了處置中國滿洲人政治力量的光榮工作後，你絕對需要與同仁更為親密，甚至親逾兄弟。

3　即慶親王奕劻（1838—1917）。
4　袁世凱曾託稱足疾而暫時離開政壇。

即使在任何情況或挑釁下，也不要互相內耗，引發內部紛爭和內戰。

我也不需告訴你，無政府狀態和混亂的可怖後果。你們一定最清楚不過了。內戰必招外國干涉，那便意味着這個偉大國家會遭瓜分。這國家是天命留給中國人的饋贈，讓他們可以建立一個模範的共和國。

想一想，你革命的豐功偉績為你和千秋萬代所開的路。

願主宰萬物的祂，把你置於祂的恐懼和法律之下，最後將你置在萬有基督的手中。此致。

容閎

1912 年 1 月 30 日 —— 我向袁世凱總統發電報，以防北京和奉天皇宮的古代珍玩和古畫（即歷史珍品）被變賣。這樣做，是為了保護中國古代歷史遺珍，以及避免滿洲人藉此籌募戰爭經費。

1912 年 2 月 2 日 —— 容閎法學博士向孫逸仙醫生誌

賀。他這樣寫道：

1911 年 12 月 29 日

康涅狄格州哈特福

軍士街 284 號

親愛的謝纘泰：

　　你 11 月 21 日的信已收到了。另外亦收到了第一期（刊物）了，也許亦是最後一期了；朝廷即將遜位，這刊物也完了，你亦因此再沒有這東西寄給我了。你要待到新中國的共和國總統孫中山先生就任。屆時你可以寄給我，他就職典禮的報告，以及閣員的完整名單。如果你在南京的就職典禮見到他，請無論如何代我向他致以衷心祝賀。

　　告訴他，我身體情況已好轉，或者我可到中國去，一睹新共和國的面貌。

　　我希望我能活到這一天，看到我的友人獲選為下任總統 —— 他為中國和中國人奮鬥了 22 年。

我非常希望能在死前，得以認識所有其他的革命領袖。

　　他們的記憶一定永烙在人民的記憶中。

　　我的兒子瑾彤[5]和艾達[6]仍未自歐洲抵步。我預計要到 2 月才見到他們。上一次收到他們的訊息是來自埃及。他們在上埃及看木乃伊，看得出神。

　　現在他們一定是在羅馬了。此致。

容閎

　　祝你和在香港的莫理循太太的母親及其姊妹聖誕快樂、新年快樂。希望她們都安好。容閎。

5　容瑾彤（1876—1933, Morrison Brown Yung）是容閎的長子。

6　容瑾彤妻。

十

滿洲人遜位

≈ 中國成為一個共和國 ≈

1912 年 2 月 7 日 —— 滿洲皇帝宣統退位，乃由袁世凱的「詭計」所驅使。

1912 年 2 月 12 日 —— 中國成為了一個共和國。滿清一朝終結了。

在這一天，清政府發出了三份退位召書。第一份其中一部分如下：

今全國人民心理，多傾向共和。南中各省，既倡議於前，北方諸將，亦主張於後。人心所嚮，天命可知。予亦何忍因一姓之尊榮，拂兆民之好惡。是用外觀大勢，內審輿情，特率皇帝將統治權公諸全國，定為共和立憲國體。近慰海內厭亂望治之心，遠協古聖

天下為公之義。

以下見於 1912 年 2 月 16 日的《泰晤士報》：

天子已經退位了，滿清一朝已經一去不復還。世界上最古老的王朝已正式變為共和國。歷史很少見證如斯令人驚訝的革命，甚或沒有一次是同等程度的；即在各階段進行時，所流的鮮血亦不為多。在這些階段中，最後階段是否已達到，是將來的其中一個秘密。有些對中國至懂的人不禁懷疑，共和國這樣的政府對東方的觀感和東方的傳統而言，是完成陌生的；是否能在一個有四億生民之國，以共和國猛然替代王朝 —— 自有史以來，已為半神聖化身的皇帝所管治。中國，在任何情況下，靈巧的中國，是願意接受這一新事物的。起初，她漫不經心的闖進這場大冒險；我們衷心祝福，這會為她帶來她努力經營的進步和穩定政府。

1912 年 2 月 15 日 —— 孫逸仙醫生辭去大總統之位。緊隨着孫逸仙醫生的辭職，是南京國民議會在南京開會，推選袁世凱為共和國的第一任總統。一切都是早已定好的！事實上，孫逸仙醫生是袁世凱及其黨羽將他自總統之位「擠下來」的。

≈ 史密夫值得一記的信 ≈

1912 年 3 月 15 日 —— 我收到一封來自史密夫的、值得注目的信函，是 1912 年 2 月 23 日寄自倫敦的。當中他談到中國的政治情況，又說到他對袁世凱和其他人的意見。他這樣寫道：

1912 年 2 月 23 日

東中倫敦弗利特街 113 號

《孖剌西報》辦公室

親愛的謝纘泰：

　　謝謝你上月 16 日寄來的親切的信。其實我已收到一段時間了。遲了回覆是因為每天都收到大量新電報，而我也很想知道事情的最新發展。最新的是孫醫生會來當中國駐倫敦公使。我相信現在的公使劉玉麟[1]是強烈擁護新政府的。自他返英出任此高位以後，我也未曾見過他；且我不想將自己安插到如斯貴族圈中。（但現在你們將不再有貴族。現在有的是一個共和國。）我在 1900 年見過劉玉麟，那時我剛回來，他時為使館秘書。雖然我認不出他，他卻立即認出了我，因為我習慣在澳門度過夏天的「週末」。在澳門南灣，他曾有（現在可能仍有）一處房屋，其家人居於其中。他人很好，曾予我相當助力。毫無疑問，孫醫生會是一個能幹和謹慎的公使，但可能不夠生動活潑；我想他不會太在乎倫敦社會的娛樂，而這卻是必需的

1　劉玉麟（1862—1942）字葆林，廣東香山人，留美幼童之一，中國著名外交官。歷任出使英國欽差大臣、中華民國駐英公使、粵海關監督等職。晚年在澳門生活和逝世。

資格。在這一方面，伍廷芳[2]博士（我反而在很久以前已認識他，那時我知道他廣東話名字叫伍才。他曾是《中外新報》的承租人。）較合適，但我認為中國將會着他留下來，孫醫生亦然。

前者一定令自己更加迎合北方的人，他常駐北京的。根據我在上海十年有關天津人的所見所聞，我判斷北方的人是獨立和我行我素的人。

我假定你將會在一定程度上沿用老政策，任用來自其他省的領導官員而非本地官員，不過另一方面亦要避免任用不成比例的廣東人。將會是一個大麻煩的是，正如在其他國家一樣，王朝也好，共和國也好，都總會有一班人，謀求祿位。

康有為最近如何？我假定你們南方人不太喜歡他，又或是他的政策。但與他為友，總比與他為敵好。

2　伍廷芳（1842—1922），本名敍，字文爵，又名伍才，號秩庸，廣東新會人。清末民初中國著名外交家、政治家。香港首名華人大律師和首名華人定例局議員。後北上從政，歷仕清朝和中華民國。1922 年在廣東逝世，兒子為中國著名外交家、政治家伍朝樞（1887—1934）。

要認清不同人的真正優點，各人在完全新的情況下作為如何，對中國人來說是困難，對外國人來說更是不可能；但我覺得，康比袁可靠一些。我猶記得，袁向慈禧太后出賣康黨。雖然，在我們看來，他的動機無疑是好的，而他當時所得資訊是非常不全面和偏頗的，某程度上他是個蒙蒙混混、趨炎附勢的人。當然，我不能對世界上最偉大共和國的總統說不恭敬的話。就我個人而言，滿洲篡位者永遠被除去了，我是很欣喜的。我覺得如能找一個強人當立憲君主，是可以確保穩定的。然而，我的意見，你可以不用理會的。我表達這些意見，只是因為這裏的「中國老手」一般都持這樣的意見。我完全相信，你們所有人希望的是，不止於創立民國以推翻滿清腐敗。

　　柏林昨天發了一個聲明，指出只要國民議會承認憲法和確切選出總統，德國將很快承認共和國。不過我覺得除非各主要列強同意，否則這不太可能，而且欲速不達。因此德國所為，實在沒甚意義。同一時間，我希望大英帝國能當第一個，正如她在日本一

事上一樣。

我沒有替這裏任何報紙寫文章，亦無任何影響力，即使我寫了，亦沒有任何作用。

無疑的，有人想將北京定為首都，但我希望這不會成功。因為從歷史和地理兩方面而言，南京是更合適的。但我擔心將來北方，而非其他地方，會有亂事。一切穩固便好，別急於用事，讓「急事緩辦」成為你的座右銘。祝百事順利。此致。

D. 華尼斯・史密夫

≋ 容閎法學博士之死 ≋

1912 年 4 月 20 日 —— 容閎法學博士逝於其美國麻薩諸塞州劍橋家中，容閎博士是一個真正的愛國者，深愛他的祖國，且他渴望回來，在垂暮之年為中國服務。可以說，他太早出生了，而且眼界超前於其時代。

1912 年 4 月 24 日 —— 孫逸仙醫生自南京來到香港，受到大概 60 個公共會社和團體的代表所歡迎。我被推舉為發言人。我介紹代表委員會諸君予孫逸仙醫生認識。

　　1912 年 6 月 18 日 —— 我致函莫理循醫生，促請早日承認共和國。

≈ 李提摩太論中國 ≈

　　1912 年 6 月 18 日 —— 我收到李提摩太博士 1912 年 6 月 13 日寄自上海的信，是有關中國政府情況的。他如下寫道：

1912 年 6 月 13 日

上海北四川路 143 號

中國基督教文學協會

致香港的謝纘泰先生：

我親愛的朋友，你在 24 日發給我的信適時地到了，我在此致謝。我同意要將在近數百年阻礙中國進步的力量掃除。但我發現，破壞只是工作的一半。這麼久以來，最艱難的工作是建設，是迎合神的旨意和世界領導人物的睿思。

我感到十分困惑的是，我發現很多無知的人在胡亂指路，沒法以高尚的事工帶領和贏取中國人的信心，而不是「年輕中國」[3] 順着這些路線和衷共濟。雖然如此，我們別氣餒，因為長遠來説，神會讓正確的事戰勝強權。

聽到你身體違和，我感到擔憂。因為現在正是需要如你的人之時。

有鑑於現在的新形勢，我覺得製作一些最傑出基督徒政治家的傳記或可開闊中國領袖的眼界；而該叢

3　即當時外國人所指的 "Young China"，意思是那些有新視野、懂外文的中國年輕社會精英。

書現在已付印了。

因此我冒昧的發了一個大綱給你，內中是關於我想令中國在地球上立於列國之林所當做的事。

我相信你很快會回復健康，之後便能再次努力，直至中國在任何一方面也不遜於人。然後我們很快可以見到神的國在地上建立。現在世上的不靖會為日出至日落時常存的平安和繁盛所取代。送上最親切的問候此致。

李提摩太

李提摩太牧師為中國和中國人做了很多好事。現在這一代很難認清他工作的真正價值，但將來的世代會知道如何欣賞其高貴和無私的情操。

≋ 中國國歌 ≋

1912 年 7 月 2 日 —— 我向澳門聖約瑟修道院（St. Joseph's Seminary）的劉雅覺建議，創作一首中國國歌。這首歌 1912 年 9 月 17 日在謝詩屏家中，以鋼琴和樂隊演奏。我在 1912 年 9 月 19 日將國歌的歌詞和音樂呈交袁世凱總統考慮和批核。

≋ 中華民國的國旗 ≋

1912 年 7 月 15 日 —— 為了永久保存革命原先的旗幟（清天白日旗），我將我設計的民國國旗寄給袁世凱大總統考慮和批核。我的設計是：有十二層有光或無光的白日、藍底，凌駕着五線旗，佔據旗的上角。陸軍軍旗是：有十二層有光或無光的白日、藍底，凌駕着一片紅地，佔據旗的上角。海軍軍旗則是：有十二層有光或無光的白日、藍底，凌駕着一片白地，佔據旗的上角。

1912 年 7 月 25 日 —— 莫理循醫生獲任命為袁世凱大總統的政治顧問。

1912 年 10 月 3 日 —— 我收到一封 1912 年 9 月 8 日立德夫人寄自哥斯雲拿街西（Grosvenor Street West）69 號的長信。

以下是撮要：

我不打算寫一封長信打擾你了，因為我希望很快可以見到你。遇有機會，我都會在文字和口頭上為中國的真正福祉說話。在過去幾年我在不同場合已說過多次。

≈ 利德論時局 ≈

1912 年 10 月 29 日 —— 我收到一封以下來自我的老朋友和同事利德的信：

我親愛的謝纘泰：

很高興又收到你的信了。自上次見面，已隔了一段很長的時間了。真的感到很欣慰的是，自己沒為老朋友所遺忘。我相信你現在很好，亦為世所重用。

閱讀你所寄來的油印小書（登勤的傳記）是有趣的。它喚起了我們早期一起將改革引入中國而奮鬥的回憶。在我個人而言，我感到驕傲的是，我是第一個在《德臣西報》公開支持這一運動的人，而當時的在中國和遠東的英文報紙是持譴責態度的。我也是促成這一運動成功的人。我用「成功」一詞，是因為中國如說要走上完全改革的康莊大道，還有很長的路要走，但是推翻滿洲人的第一大步已經邁出了。

從我 1904 年離開香港以後，我有機會為改革和中國的事業的推廣出一分力。1905 年我在《當代評論》（*Contemporary Review*）發表了一篇文章，顯示德國對

遠東和平的威脅，遠比中國和日本厲害。當我編《海峽時報》時（1906 年—1908 年）——我很高興與孫逸仙重新聯繫——我再次致力宣揚中國改革的福音。當革命在上年年尾爆發時，我在倫敦《每日紀事》（*Daily Chronicles*）及其他地方寫了幾篇文章，支持改革黨。

我對中國前途仍有信心，只要改革背後的動力是孫逸仙和像你一樣的人。我希望你在將來的幾年能在公共事務上有多一些參與。

見到執政者能夠引進外國顧問協助草創事宜是好的。我的老朋友莫理循醫生現時對中國的幫助，應該是無可估量的。

中國人是很有能力的人。他們通常都比管治者好。我不會如其他人般感到沮喪：中國終將成為一個共和國。惟在老政權底下的人，永遠沒有機會學習自治政府的根本，很自然的，他們有很多事情要學。

在外國顧問的監護下，他們會學得很快。我們當中有些人，或可活到見到中國人得到全個文明世界尊重為能施展自治之民族的一天，且擁有所有可以促使

個人繁盛和國家富強的素質。

　　當我離開之時，你所贈我的其中一支馬六甲手杖，我仍常伴在身邊，放在辦公室我之旁邊。它常常提醒我，我在香港的這位老朋友。謹送上我最誠摯的祝福。此致。

湯瑪士・利德

≋ 袁世凱被推選為總統 ≋

1913 年 10 月 6 日 —— 採納了一個臨時憲法。袁世凱被推選為中華民國總統。

　　當袁世凱被選以後，他的第一步便是下命令，驅逐國會中那些被視為與革命有關的人，無論他們是直接或間接參與。這令國會停擺了。

　　1914 年，這情況一直持續，袁世凱當上了獨裁者。

遵袁世凱的「密」願，一個冊立他為皇帝的運動（籌安會）在 1915 年展開。然而，袁世凱錯估一己之力量，當他宣佈有意圖稱帝時，他最親密的戰友反對他的計劃，且列強的諸大使一致勸他放棄。

惟袁世凱似乎看不到他引起的不滿已經很深重，仍積極籌備其奢華的登基大典。

雲南是反對最劇烈之地，蔡鍔將軍宣告獨立。

在一封 1916 年 3 月 21 日發出的召書當中，袁世凱宣佈政府的共和政體將維持，「皇位的官方認受將因而取消」。但壞事已經做了，已經太遲！

≋ 袁世凱之死 ≋

袁世凱永遠無法恢復其過去的名聲。在懊惱與失望下，未幾他在 1916 年 6 月 6 日辭世。中國人視袁世凱為賣國賊，以及是釀成內戰的人。

1915 年 9 月 29 日，我自莫理循醫生處收到以下的

信。他時為袁世凱的政治顧問。

1915 年 9 月 20 日
中國北京

親愛的謝先生：

　　收到你 8 月 24 日的信，及得悉你寫了一篇新作〈創世與大洪水〉（"Creation and the Deluge"）和打算在這恐怖大戰（歐戰）完後出版，我感到很有興味。但又何用待至那時呢？如此十分有趣的書應立即付梓。事實上，信收到後，我打算立即拍電報給你，請你別延期。務要分秒必爭。

　　我建議你，有關標題方面，你要強調，此書乃出自一個中國哲學家之手。這一點，我認為至關重要；我亦建議你，作為友誼之舉，將大作獻給聯盟領袖，一人贈一本。他們的致謝，會令這本書更廣為人知。

　　我一直在日思夜盼地等，希望你支持籌安會諸活動。就我所知，他們正在宣揚三個建議：

總統當成為皇帝。

　　總統應是世襲的總統。

　　總統應是世襲的總統，仿如外國人眼中的外國國家和王朝。

　　相信我。此致。

　　　　　　　　　　　　　　　　　　莫理循

　　有關「籌安會」的活動，我在 1915 年 10 月 11 日回覆莫理循醫生的信如下：

　　對於中國的**時局**，我沒有任何東西想說。另外，正如我已跟你說過，我已洗手不幹政治。我害怕的是中國內戰。中國內戰快來臨，你是知道誰要為此負責的。

　　人民的血，會在此人（袁世凱）頭上流淌着。

　　我親愛的朋友，我已警告過你即將會發生甚麼事。我不希望見到你「**搭上沉船**」── 我明智而有學

識的朋友。

以下電報刊於 1916 年 2 月 18 日的香港《循環日報》：

在研究各省情況後，莫理循醫生建議延遲登基。

≈ 莫理循醫生之死 ≈

莫理循醫生在 1918 年春辭任政治顧問，離開北京，赴英接受手術。1919 年 6 月和 1920 年 1 月，他接受了手術。惟他沒有康復，並在 1920 年 5 月 31 日在錫德茅斯（Sidmouth）[4] 逝世。

《泰晤士報》在他的哀悼辭中謂：

4　一個在英國德文郡（Devon）的地方。

即使在他生命最後幾個月，他都在病房傾其全力為中國利益而工作。

我為與已故的莫理循醫生之真摯友誼感到驕傲，亦知道他是中國和中國人的真正朋友。他被稱頌，被視為世上最偉大的中國權威。他的死，令人哀傷且亦是來得太早了。中國失去了其中一個最偉大和最好的友人。

≈ 結語 ≈

我早已清楚知道袁世凱當總統會釀成內戰與血腥，亦雅不願捲入自相殘殺的派系鬥爭，我從政治鬥獸場退隱。我埋首研究中國古代藝術，以及與「人的起源」、「人類種族的搖籃」、「大洪水真相」有關的歷史、科學和地質考查。

考查和研究工作的結果，已經呈現在由香港別發洋行（Kelly & Walsh Ltd.）出版的兩部書、逾廿本小冊子和

一些專題文章中。

　　我的發現與考證與既有信念和理論迥異。我有信心地靜待科學界和思想界的判決。

　　在為這簡史作結之時，我誠懇地宣佈，如要撰寫全史，會是六冊或以上的厚冊，且會包括革命領袖、其外國友人和同情者的相片；除了重要歷史文獻和信件之外，更應有 1892 年至 1912 年間十分有趣的通訊、敍述性的筆記和訪問。

　　從 1912 年至 1924 年間劇烈的內戰時代，將會是另一本歷史的材料。

　　由於我無黨無派，亦沒有政治敵人，我十分歡迎所有朋友和同志，不分國籍和黨派，為歷史各獻所知。因為我知道，事實上，有很多重要的歷史細節，我已記不起，又或是我所不知道的。

附錄

≋ 謝聖安上袁總統書 ≋

袁大總統轉黎副總統、參議院、國務院、各省都督、議會、報界公會均〔鈞〕鑒：

敬稟者。自黎君元洪由武昌起義，各省聞風響應，不及五月，而竟光復之功 。此乃中外古今所創見之偉業，亦將來歷史上難再覯之奇功。目下南北統一，五族共和，中華民國成立，列強經已公認。(惟未有正式國書)僕經營廿餘年之目的已達，不勝忻慰。本不欲將生平運動表而出之，因此乃國民責任，言之迹近于邀功也。然以各西友叶助之豐功，碍難付諸流水，勢不得不引伸觸類，為我五萬萬同胞剖白陳之 。

此次共和成立，五族統一，論者皆歸功于首倡革命諸志士。夫以數千年專制之國，加以二百餘年區別種族，

壓抑摧殘，達於極點。倘無諸志士為之提倡，為之鼓吹，以振奮民氣，將何以脫離專制、化除畛域？則諸志士之功，誠不可湮沒。然當此羣雄環伺，視眈欲逐，瓜分之說，騰達環宇，垂十餘年。藉案索償，爭權攘利，層見疊出。乃當革命師興，干戈擾攘，旅居外人，損失孔多，而甘袖手作壁上觀，不收漁人之利者，此何故哉？或以為公法使然。夫當勢力時代，弱肉强食，有强權無公理。假使民軍初起之時，外人藉口保護僑民，稱兵深入，據地自固，我國即使選蘇、張之輩，援公法以與爭，果能藉口舌以止干戈歟？乃外人竟俯首帖耳，不作非分之覬覦者，則畏其國之輿論也。蓋如英美有勢力之西報，平時對於中國革命，極表贊成。所著論說，常勸其政府及國人，宜助我中國之革命，而不可破壞摧殘。彼都人士受其鼓吹，存其心理。其政府好惡同民，不敢拂輿論而生妄想。即間有主張觀釁而動之政策者，亦言僅出口，受眾排斥，不能見諸施行。此次中華得成共和，能免外顧之憂者，職是故耳。

　　僕於西曆一千八百七十二年五月十六號，產於南太

平洋澳大利亞洲。先父名日昌，乃廣東開平縣民籍。時為雪梨埠名譽華商泰益行東主，母郭氏。僕在澳大利洲加立頓高等學堂卒業。幼時習聞先父述及滿人入關時種種殘暴行為，恨之入骨，由是遂存復漢族思想。一千八百八十七年十六歲，由澳洲回香港。一千八百九十年，充香港工務署書記，由是廣結中外志士。即在百子里一號，創設輔仁文社。社友十六人，公推楊公衢雲為主席。僕為司理。此為籌辦光復之起點。一千八百九十四年，楊公與僕妥商，聯合孫君逸仙，同謀大事。即賃士丹頓街一十三號，名曰「乾亨」為辦事機關處。至一千八百九十五年，因圖廣州不成，楊、孫二君遠適，乃設立興中會及同盟會。一千九百年，適楊公由海外回香港，會同孫君及僕等，密商再舉，惜事未發，而楊公竟遭滿清暗殺。一千九百零三年，聯合英商《孖剌西報》主筆根寧咸君，創辦《南清西報》，以為光復之暗助。從此時著論說，時通信歐美各志士密友，及各報館主筆，盡力鼓吹。戊戌後，僕亦嘗致書康有為、梁啟超二君，勸他等融和黨派，共謀偉業。約計助力最

大之密友：

英國《太晤士報》駐北京訪員馬禮遜博士[1]；

香港《孖剌西報》駐英京主筆和利士蔑[2]；

香港《孖剌西報》主筆、《南清早報》主筆根寧咸；

香港《德臣西報》主編利德；

香港《士蔑西報》主筆遮士尼・登近；

香港《孖剌西報》主筆希路；

香港《南清早報》主筆拔杜利；

駐中國及英京力助維新李提摩太；

駐英京著名格致家哲學家希林疆森；

駐中國及英京力助維新立德夫人；

駐英〔美〕國全力運動美國報界及熱心助力之士容宏〔閎〕博士；

駐香港力助光復漢族何啓大律師。

一千九百零一、一千九百零二年，僕則在港經營。

1　即莫理循醫生。

2　即史密夫。

其十餘年之密友容宏〔閎〕博士等，則在外叶力。又得先父及舍弟子脩〔修〕、李君杞〔紀〕堂等。同勷大事。由是佈置一切，部署已定，委任洪君全福，主持粵省軍政，令不可殘殺滿人。豈知事為漢奸所泄。至一千九百零三年正月廿八號，謀據廣州又不成。當時省城、芳村及香港，同志被捕者數十人。僕即竭力運動英廷援助。當蒙飭香港政府盡力維持，各同志始得釋放。此事息後，人皆知有絕大神通存乎其間，惟無有得悉內容者。僕先父因經營慘淡，事敗垂成，積勞成疾，遂致不起，於一千九百零三年三月十一號去世，時享壽七十有二。僕為醉心國事，致禍及父親，實屬有忝子職。至一千九百一十一年二月二十號。僕料光復期近，即致書列強執政大臣、哲學家、報界公會，示意他等，破除瓜分中國之心，並叶助中國國民。將來舉辦光復，及建設共和政府，俾地球上萬國，將來同享和平幸福 。

總計自一千八百八十七年，至一千九百一十一年，歷二十五載，對於經營光復，未曾稍息仔肩。僕之宗旨，不外使黨派聯為一氣，謀達光復目的。為五萬萬同胞謀

幸福。此廿餘年間。僕純以名言大義，交通各國密友，令其叶助。俾列強不敢干預。庶我漢人，得脫滿清奴隸束縛。他等類皆哲人博士，故極表同情，因而諸同志得以優遊各國，措置裕如。伊等之名，前已詳達南京總統府，茲特繕呈前來。今日共和成立，若輩有非常功烈存乎其間。且異日辦理外交，仍可藉其力以潛移默化，理宜錫以名譽獎勵，藉示激勸而昭來茲。僕為大局起見，不敢自行居功，亦不欲沒人之功，為此瀝陳前來。如何之處，伏乞卓奪，僕以籌辦光復之故，已覺心力俱瘁，決思靜養，以享自由幸福。此後國家大事，有我公及秉鈞之人為之擔負，無事鄙人之多言。為上一詞曰：「中華民國萬歲，中華民國國民萬歲。」耑此敬請勛安，希唯亮察不戩。

中華民國元年九月九日謝聖安謹稟

原載 1912 年 12 月 7 日《東華報》

≈ 謝纘泰願獻出所藏古董之來函 ≈

敬啟者：

　　中華古書畫展覽會，於五月初七、八兩天，假座本港大會堂，以陳列十五家所藏之書畫，共三百餘帖。弟得閱讀之後，始悉中國唐、宋、元、明、清三大名家真蹟，實難免得者也。何則，蓋吾國歷代兵燹為患，乃至失傳，或流入異邦，兼無真價值。由此觀之，可知吾國歷代各大名家之真蹟之難得者也。試觀乎泰西（即歐洲各國）之油畫，價值可謂珍寶矣。蓋泰西油畫，嘗拍賣得一萬金磅至二萬金磅（即十萬至二十萬元）之價值（各國畫樓所珍藏之四萬金磅至十萬金磅油畫不在其內）；只油畫耳，尚價值如此，況吾國之古畫乎？何現尚未有一定之價也，惜哉！余深望吾國各省書畫會和各大藏家，宜早日設法定實中國五代古畫之價值，免國寶外出，永無留存，弟之厚望也。茲弟因寶藏中國古畫，免流入異邦起見，弟願將三十餘年所收藏之唐、宋、元、明等代之古畫，作永遠送出以供眾覽，苟愛國社會或中國熱心愛

國資本家，或藏家，有實力保存吾國國寶者，請移玉步到旗昌洋行辦房與弟面商妥善辦法，甚為歡迎之至。此叩台安，謝纘泰頓。

原載 1927 年 2 月 15 日《香港工商日報》

≋ 謝纘泰致蔣中正函
── 擬改葬楊衢雲先烈事 ≋

南京國民政府蔣介石大主席鈞鑒：

敬啟者。駒光似箭，而僕亦將老年矣。現僕所言者，是烈士衢雲之事也。先是楊君於一九零一年正月十日在港遇害後，革命事業，遂喪失一得力之要人，殊可惜也。尤有甚者，則是楊君之遺骸，至今尚葬於香港英國墳場之無字碑下，全國人民，皆未有知之者。蓋方碑絕無紀念文字，祇刻其號六三四八號也。先烈衢雲于一八九零

年，與僕設立輔仁文社光復會。六〔五〕年後，先烈與僕及孫中山等於一八九五年，又設立興中會于香港。及後孫中山得接楊君遇害之電音於日本，孫君則極為惋惜，遂立於一九零一年二月十三日，由橫濱致書於僕，函內之悲痛情形，請細閱附上之影函（影函略），自可明瞭一矣。雖然楊君遇害後，葬於無字之碑，已有三十餘年，惟僕仍深望政府關心此事，及設法起運楊烈士之遺骸，葬之於中國一合宜之地，並選適當之碑文刻之碑上，以留不朽。主席能如此行之，則僕心足矣。此上並頌大安。

僕謝纘泰謹上
中華民國廿年三月四日

原載 1931 年 3 月 16 日《工商晚報》

≋ 參考書目 ≋

- 〈中國發明飛艇家謝君纘泰小傳〉,《小説月報》,1910 年,第 1 卷第 4 期,頁 1-3。

- 〈老革命黨員謝纘泰昨晨在港逝世〉,《香港工商日報》,1938 年 4 月 5 日。

- 近代中國人名辭典修訂版編集委員会編:《近代中國人名辭典》(修訂版)(東京:霞山会、国書刊行会,2018 年)。

- 徐友春主編:《民國人物大辭典(增訂版)》(石家莊:河北人民出版社,2007 年)。

- 謝纘泰著,江煦棠、馬頌明譯,陳謙校:〈中華民國革命秘史〉,收於中國人民政治協商會議廣東省委員會文史資料研究委員會編:《廣東文史資料:孫中山與辛亥革命史料專輯》(廣東:廣東人民出版社,1981 年),頁 284-338。

- Howard L.Boorman(ed), *Biographical Dictionary of Republican China* (New York: Columbia University Press, 1967-1979), vol.1-5.

- "Chinese Revolution Led by Grafton Boy", *Evening News*, 28 September 1932. (NLA Trove)
- "Grafton Boy Took Part in Chinese Revolution: Death of Thomas See", *The Daily Examiner*, 22 March 1933. (NLA Trove)